용재수필

정치·경제

용재수필_정치 · 경제

지은이 홍매
옮긴이 임국웅
감   수 김승일
펴낸이 안용백
펴낸곳 (주)넥서스

초판 1쇄 발행 2003년 11월 1일
초판 7쇄 발행 2007년 11월 30일

2판 1쇄 발행 2010년 12월 15일
2판 2쇄 발행 2010년 12월 20일

3판 1쇄 인쇄 2016년 8월 25일
3판 1쇄 발행 2016년 8월 30일

출판신고 1992년 4월 3일 제311-2002-2호
04044 서울시 마포구 양화로 8길 24(서교동)
Tel (02)330-5500 Fax (02)330-5556

ISBN 979-11-5752-887-5 04320

이 책은 《경세지략》의 개정 분권입니다.

www.nexusbook.com
지식의숲은 (주)넥서스의 인문교양 브랜드입니다.

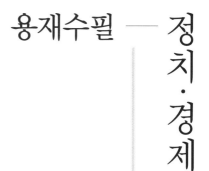

용재수필 — 정치·경제

동서고금을
넘나드는
세상과 나를
경영하는
지혜의 보고,
읽으며 나를
바꾸고 본 바를
실천하라

홍매 지음 · 임국웅 옮김 · 김승일 감수

지식의숲

지혜의 숲을 여행하기에 앞서

1976년 8월 26일. 장소는 중남해.

모택동은 병에 시달리는 몸을 겨우 운신하며 늘 그랬던 것처럼 서재로 들어왔다. 그리고 그는 《용재수필(容齋隨筆)》을 보고 싶다고 말했다. 그런데 공교롭게도 며칠 전에 책장을 새로 정리한 탓에 서재에서 일하는 사람들이 그 책을 제때에 찾아내지 못했다. 그들은 부랴부랴 발길을 돌려 북경 도서관을 찾아갔다. 그리고 그곳에서 두 묶음으로 된 명대 각인본 《용재수필》 18권을 빌려 왔다.

8월 31일, 안질 때문에 눈이 나빠진 모택동이 읽기 편하게 큰 글씨로 확대한 《용재수필》을 포함하여 그가 애독하던 책 몇 권을 함께 중남해로 보내왔다. 그러나 그때는 이미 모택동의 병이 골수에 미쳐 독서를 할 수 없게 된 때였다. 그러다가 9월 9일 모택동은 결국 세상을 떠났다.

《용재수필》, 이 책은 모택동이 생전에 마지막으로 보려 했던 책이다.

모택동은 새로 인쇄한 큰 글씨로 된《용재수필》을 보지 못했다. 그러나 그에게는 그다지 유감스런 일은 되지 않았을 것이다. 왜냐하면 청조 건륭(乾隆) 59년(1794년)에 재판한 소엽산방판(掃葉山房版)《용재수필》이 모택동과 더불어 3, 40년을 함께 했기 때문이다. 그 기간에 모택동은 이 책을 몇 번이나 통독했는지 모른다. 임종이 가까울 무렵 모택동은 평생 애독하던 책이 생각나 다시 한 번 보려 했을 것이다.

모택동이 아끼던 그 책은 원래 연안 마르크스 레닌주의 연구원 도서실의 장서였다. 모택동은 그 책을 손에서 놓기가 아까워할 정도로 애독했고 아껴 왔다. 주변 여건이 아무리 괴롭고 힘들어도, 전쟁이 아무리 격렬하고 위급해도, 행군이 아무리 바빠도, 행장이 아무리 간소해도 이 책만은 잊지 않고 꼭 챙겼다. 생필품을 저버리고 다른 책들을 다 저버릴 수 있어도 오직 그 책만은 버리지 않았던 것이다.

《용재수필》은 기적처럼 연안(延安)에서 서백파(西柏坡)로, 서백파에서 다시 북경까지 모택동과 더불어 중국 현대사에서 가장 중요하고 찬란한 여정을 헤쳐 왔다.

지금 이 책은 중남해에 있는 모택동의 옛집에 잘 보관되어 있다. 두 묶음의 서책으로 된 이 책에는 모택동이 연필로 표기한 동그라미·점·선 등이 갈피마다 숨 쉬고 있다. 글자 그대로 서림미담(書林美談)이라 하겠다. 이 책의 출처를 추적해 보면 이 책의 첫 기점이 얼마나 찬란했는지를 알 수 있다.

순희(淳熙) 14년(1187년) 8월, 삼복더위에 온몸이 타오르는 듯이 뜨거웠던 어느 날, 남송의 서울이었던 임안(臨安, 오늘날의 절강성 항주시)의 궁궐에서는 한림학사(翰林學士) 홍매(洪邁, 1123~1202년)가 황궁 내에서 한 시대를 풍미했던 명군 송효종 조신(趙愼)과 국사를 의논하며 대담을 나누고 있었다. 이 이야기 저 이야기로 한창 열을 올리던 중 송효종이 문득 색다른 이야기를 걸어왔다.

"요즘 과인이 무슨 재수필이란 책을 읽어 보았네."

홍매는 기뻐하는 얼굴로 일어나 넙죽 절하며 공손히 대답했다.

"황송하옵니다. 졸서는 소인이 지은 《용재수필》이라는 책입니다. 별로 읽을거리가 없사옵니다."

"아니오, 그 책에는 아주 좋은 의견들이 들어 있소이다."

송효종은 극구 칭송해 마지않았다.

홍매는 황급히 일어나 황제에게 절을 올렸다. 황제의 칭찬에 너무나 감읍했던 것이다. 홍매는 집으로 귀가하는 길로 그 영문을 알아보았다. 알고 보니 자신이 쓴 《용재수필》을 상인들이 무주(婺州, 오늘날의 절강성 금화시[金華市])에서 각인 출판하여 임안으로 가져다 책방에 넘겨 팔았던 것이다. 마침 궁궐의 한 환관이 이 책을 샀고 그래서 그 책이 궁내로 흘러 들어가 황제의 손에까지 이르게 됐던 것이다. 이 책을 읽은 송효종은 못내 감탄을 금치 못하였다.

고대 왕조시대에 한 지식인이 쓴 책을 최고 통치자가 친히 어람 (御覽)한 데다가 그의 면전에서 칭찬까지 했다는 것은 더없는 영광 이었다. 이에 고무된 홍매는 그 뒤를 이어 계속해서 《용재수필》과 《속필》을 펴냈다.

홍매는 남송 요주(饒州) 파양(鄱陽, 오늘의 강서성 파양현) 사람이다. 자는 경려(景慮)이고, 호는 용재(容齋)이다. 그는 사대부(士大夫) 가 문에서 태어났다. 그의 부친 홍호(洪皓)와 형님 홍적(洪適)은 모두 이름난 학자이자 관리였다. 홍적은 관직이 재상에까지 이르렀다. 송고종 소흥(紹興) 15년(1145년)에 홍매는 박학굉사과(博學宏詞科) 에 응시했고 진사에 급제하였다. 그후 그는 시골에서 지주(知州)로 지내다가 궁궐로 들어와서는 중서사인(中書舍人), 직학사원(直學士 院), 동수국사(同修國史), 한림학사, 단명전학사(端明殿學士)를 지냈 다. 그는 송고종·효종·광종·영종 등 네 명의 황제를 모시면서 79 세를 일기로 1202년에 사망했다.

홍매는 학식이 풍부하고 저술 또한 많았다. 그의 저서로는 문집 《야처유고(野處類稿)》, 지괴필기 소설《이견지(夷堅志)》, 편찬집《만수당인절구(萬首唐人絶句)》, 필기집《용재수필(容齋隨筆)》등 지금까지 전해지고 있는 저서들도 많다.

근면하고 매사에 해박했던 사대부 홍매는 평생토록 방대한 양의 도서를 섭렵하였다. 그러한 그에겐 독서할 때 필기를 하는 좋은 습관도 있었다. 독서하다가 문득 떠오른 생각이나 감상이 있으면 그 즉시 기록하였다. 이렇게 40여 년 동안 해온 독서와 기록을 정리하고 집대성한 것이 바로《용재수필》이다. 최초의《용재수필》은 5집 74권으로 되어 있었다.

《용재수필》이란 이 책의 명칭이다. 이 책의 체재는 〈수필〉, 〈속필〉, 〈3필〉, 〈4필〉, 〈5필〉로 나뉘어져 있다. 〈수필〉은 무려 18년에 걸려 쓴 것이며, 〈속필〉은 13년, 〈3필〉은 5년, 〈4필〉은 1년 남짓 걸려 완성된 것이다. 홍매는 〈5필〉을 쓰는 데 걸린 시간은 밝히지 않았다. 처음 계획은 〈5필〉을 16권으로 만들려고 했지만 이 작업을 다 하지는 못하고 10권까지만 완성된 상태에서 세상을 떠났다. 그가 〈4필〉의 서문을 쓴 시기는 송나라 영조 경원 3년(1197년) 9월이었다. 이렇게 보면 이 서문이 완성된 시기부터 그가 세상을 떠난 가태 2년(1202년)까지 5년이라는 시간이 있었는데, 이 기간이 그가 〈5필〉을 쓴 시간이 될 것이다.

40년이란 오랜 시간을 거쳐 대작 한 권을 만드는 일이란 당시의 입장에서 볼 때 결코 쉬운 일이 아니었다. 수없이 많은 책을 읽으면서 그 속에서 알짜만을 골라 편집하는 작업은 손으로 일일이 써야 하는 당시에는 고되고 오랜 노력을 필요로 했기 때문이다.

지금까지 정리해 온 송나라의 필기체 소설은 300여 부이다. 그 중에는 재미있고 훌륭한 작품들이 적지 않다. 그렇다면 그 많은 저작들 중에서도 왜《용재수필》만이 유독 당시 송효종의 칭찬을 받을 수 있었고, 700년 후 모택동이 애독하였던가?

그 원인은《용재수필》이 정치·역사·문학·철학·예술 등 제분야의 문제를 날카롭게 분석하고 비평한 수필 형식의 글이기 때문이다. 이 책은 고증·논의·기사를 중심으로 하여 쓴 것으로, 송나라의 전장제도(典章制度), 고대 3황5제 시기 이후의 역사적 사실, 정치적 풍운, 문단의 일화 등을 모두 섭렵하고 있다. 또한 이 책은 자료가 풍부하고, 문장의 격조가 높고 우아하며, 모든 사건에 대한 논의가 다채롭고 고증이 확실하다는 장점들을 구비하고 있다. 이런 장점이 바로《용재수필》이 수많은 다른 종류의 저작보다 탁월하다는 평을 듣는 요인이다.

《사고전서총목제요(四庫全書總目提要)》에서는 남송의 수필 형식의 글 중에서 이《용재수필》을 제일 처음에 기록하고 있다.

'이 책을 읽노라면 마치 책의 밀림을 산책하는 듯하고, 마치 책의 바다에서 수영하는 듯하며, 마치 역사의 제단 위에서 아래로 내려 굽어보는 듯하고, 또 마치 정계를 두루 살펴 시찰하는 듯하다.'

명조 시기 하남순무(河南巡撫)와 감찰어사(監察御使)를 지낸 요한(姚翰)이 홍치 11년(1498년) 10월 16일 이 책을 평론한 한 단락을 소개하면 다음과 같다.

이 책은 사람들에게 선(善)을 권하고 악(惡)을 버리도록 경고하고 있으며, 사람들을 기쁘게도 하고 경악하게도 한다. 이 책은 사람들의 견문을 넓혀 주고, 옳고 그름을 판단할 수 있도록 일깨워 주며, 의심을 해소하고 사리를 밝게 하도록 한다. 이 책은 세속을 교화시키는 데에도 도움을 많이 준다.

나는 이 책을 읽은 후 마음과 시각이 넓어졌고 정확한 도리가 무엇인지를 확실히 이해할 수 있게 되었다. 마치 용재와 함께 황궁 내에 있는 명당에 온 듯 심중의 누각이 사통팔달하는 느낌이 들 정도이다. 다만 애석한 일이 있다면 이 책이 아직 널리 알려지지 않았다는 점이다.

사람마다 이 책을 읽고 집집마다 이 책을 두면 얼마나 좋을까 하는 마음에서 내가 아는 한 사람에게 부탁하여 이 책을 각인하고 인쇄하게 함으로써 비로소 천지사방에 널리 전파할 수 있게 되었다. 또, 제대로 알지 못하면서 아는 척하고 고고한 척하는 군자들에게는 좀 더 내면적으로 풍부해지고 충실하게 해줄 수 있을 것이다. 사물의 도리를 연구하고 진정한 지식을 추구하는 사람들이라면 이 책을 통해 천하의 도리를 궁극적으로 밝혀낼 수 있을 것이다.

　우리는 모택동이 이 책을 두고두고 통독하면서 어떤 천리(天理)를 습득했는지는 알 수가 없다. 그러나 그가 이 책을 통해 많은 것을 얻었을 것임은 분명하다. 백 번을 읽어도 싫증이 안 나는 이 책은 한 사람이 성장하는 데 그의 사상과 행동에 커다란 영향을 주리라는 것은 당연하다고 본다. 이상에서 살펴본 바와 같은 사실들을 알고 있는 우리는 이 책을 많은 독자들에게 소개하려고 생각에 생각을 거듭해 왔다. 견식을 넓히든가, 소질을 높이든가, 혹은 전통문화를 이해하든가, 혹은 모택동을 알려고 하는 사람들에게는《용재수필》이 크게 도움이 될 것이다.

　보통의 독자는 학술적 면이 깊은 이 책을 읽을 때 두 가지 장애에 부딪히게 된다. 하나는 문장이 고문(古文)이기 때문에 난해하다는 것이고, 다른 하나는 무미건조하게 느껴질 것이라는 점이다. 따라서 이 책을 현대어로 번역하고 문장상의 난해한 부분을 약간 쉽게 첨언하여 읽기에 편하게 하려고 노력하였다. 고전을 현대어로 번역할 때는 그 의의를 학술성에 두기보다 보급하는 데에 중점을 두어야 한다는 것을 이해했으면 한다. 따라서 우리는 아래 몇 가지 방법을 통해 이 책의 번역을 더욱 충실히 하고자 했다.

첫째는 선별 작업이다.

《용재수필》은 전 책이 15권으로 그 글자 수는 50만여 자나 된다. 이것을 모두 현대어로 번역한다면 적어도 150만여 자가 될 것이므로, 그 양이 너무 많게 되고, 또 반드시 그럴 필요는 없다. 왜냐하면 어떤 글은 너무 편협하고 어떤 글은 별로 가치가 없으며, 어떤 글은 너무 난해해서 도무지 현대어로 번역하기가 어렵고 억지로 옮겨 놓으면 본문의 뜻이 와전되는 경우도 있고 그 형식미를 잃기도 하기 때문이다. 이러한 사항을 염두에 두고 우리는 중요한 부분만을 엄선하기로 하였다. 여기에 선택하여 채록한 글들은 모두가 가장 대표적인 작품이어서 본서의 전 면모를 충분히 개괄하고도 남는다고 생각한다.

둘째는 편성이다.

독자들의 독서 구미에 맞추어 직역(直譯)과 의역(意譯)을 상호 보완하면서 문장의 흐름을 맞추어 놓았다. 수필 형식의 이런 작품은 역사 서적과는 다르기 때문에 기사의 앞뒤와 그 세부적 내용이 종종 맞지 않는 경우가 있다. 이것은 그 문체가 극히 간략하기 때문이다. 옛 사람들이나 전문가, 혹은 학자들이라면 한 번 읽어 곧 그 뜻을 알 수 있지만, 일반 독자들은 무슨 뜻인지 오리무중에 빠지기가 일쑤다. 이 점을 고려해서 우리들은 적당히 다른 책들을 참작하여 꼭 필요한 사실에 한해서는 보충 설명했다. 또 어떤 글은 해설을 첨가하여 쉽게 읽을 수 있도록 편성하였다. 그리고 이 책의 순서도 새로 편집했다. 즉 원문의 권편(卷篇)에 따라 분류한 것이 아니라 내용에 따라 새로 분류하여 편집한 것이다. 그리고 제목도 새로 달았음을 아울러 밝혀 둔다.

　비록 이 책을 10여 년이나 읽었지만 이번 번역을 통해 또 한 차례 전통문화와 역사를 새롭게 인식하게 되었으며, 많은 지식을 더 넓힐 수가 있었다. 많은 애독자들도 이러한 느낌을 같이 가졌으면 편역자로서 더 없는 기쁨이 될 것이다.

政治
經濟

동서고금을
넘나드는
세상과 나를
경영하는
지혜의 보고

* * *

읽으며 나를
바꾸고 본바를
실천하라

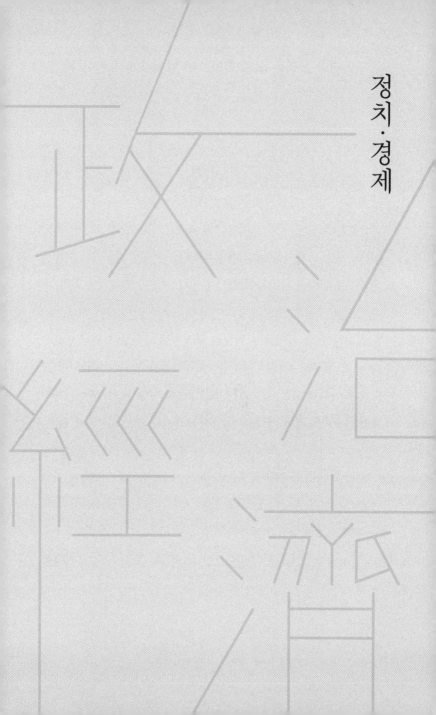

정치·경제

인재란 쓰려는 의지만 있으면 넘쳐나게 마련이다

넓디넓은 세상에는 지혜와 모략이 빼어난 사람들이 많다. 천하가 혼잡해지고 난세에 휘말릴 때면 이름 없는 벽지 시골이나 하찮은 객점에서 뒹굴던 사람들이 청사에 빛나는 공을 세우기도 한다. 이미 사서에 수록된 기재(奇才)인 고대 정(鄭)나라의 촉지무(燭之武)와 현고(弦高)는 계략으로 적군을 물리치고 나라를 지켰던 인물들이다. 그 뒤로도 특별한 재간을 가진 인재가 무수히 배출되어 그 수를 헤아리기 힘들 정도였다. 특히 당(唐)나라 때에 이런 기재가 많이 속출하였는데, 아래에 몇 가지 대표적인 예를 들고자 한다.

당나라 건국 초기에 북해군(北海郡, 지금의 산동성 창낙현)에 아직 귀순하지 않은 적군이 있었다. 적군 두목 기공순이 당나라 북해 군성(郡城)을 공격했지만 대패하고 말았다.

그 뒤 기공순이 유란성(劉蘭成)이란 사람을 만나 그를 군사참모로 기용했다. 지혜가 출중하고 지략이 좋은 유란성은 불과 군사 몇 천 명을 지휘하여 쉽사리 북해군성을 함락시켜 버렸다. 해주군(海州郡, 지금의 강소성 관문서남)의 장군상(臧君相)이 5만 대군을 이끌고 북해군을 다시 탈환하려 하였다.

이때 유란성은 결사대 20명을 선별하여 야음을 틈타 뒤를 들이쳐 해주군(海州軍)을 격파하기도 하였다.

서원랑(徐圓郞)이 산동 지역에서 할거하고 있을 때다. 한 사람이 그에게 유세철(劉世徹)을 천거했다.

"유세철은 재능이 출중하고 지혜가 비상하여 기재(奇才)라 불립니다. 중국 동부에서는 그를 당할 사람이 없다고 해도 과언이 아닙니다. 이제 그를 청해와 군사 참모로 쓰게 되면 천하를 얻을 수 있고 혁혁한 공훈을 쌓을 수 있을 것입니다."

서원랑(徐圓郞)이 측근을 파견하여 유세철을 모셔왔다. 서원랑은 자신이 보유하고 있던 수천의 군사들을 유세철에게 주며 초군(지금의 안휘성 호현)과 기(지금의 하남성 기현) 일대를 탈취해 줄 것을 부탁했다. 그곳 사람들은 일찍부터 유세철의 명성을 잘 알고 있던 터라 유세철이 대군을 지휘한다는 말을 듣고는 모두들 겁부터 집어먹었다. 유세철은 파죽지세로 밀고들어가 짧은 시간에 그 두 곳을 모두 점령하였다.

구보가 절강 동부에서 반란을 일으켰다. 당왕조(唐王朝)에서는 왕식(王式)을 파견하여 반란군을 평정케 하였다. 구보의 측근 유왕(劉旺)이 그에게 한 계책을 내놓았다.

"장군은 먼저 월군(越郡, 지금의 절강성 소흥시)을 점령하시오. 그리고 그곳의 견고한 성벽을 이용하여 방어 태세를 갖추어야 합니다. 그곳은 물산(物産)이 풍부하기 때문에 군량미 또한 넉넉할 것입니다. 절강을 따라 방어를 튼튼히 하면 관병(官兵)의 토벌을 막는 일은 어린아이 코 푸는 것만큼이나 쉬울 것입니다. 그러다 기회를 엿보아 적군을 기습하면 절강 서부까지 모조리 점령할 수 있습니다. 그렇게 되면 군사력이 강대해질 것이고, 이를 이용해 적군이 숨 돌릴 사이조차 주지 않고 몰아붙이면 장강 이북을 거쳐 양주(揚州)까지 얻을 수 있습니다.

이렇게 새로운 국면이 조성되면 석두성(石頭城, 지금의 강소성 남경시)으로 물러나 그곳에 철통같은 방어선을 구축하고 사수해야 합니다. 그때가 되면 선주(宣州, 지금의 안휘성 선성)·흡주(歙州, 지금의 안휘성 합현)와 강서 일대의 많은 사람들이 기병하여 장군을 찾아올 것입니다. 그 뒤 만여 명의 수병을 앞세워 해상으로 남하하여 복건

22

을 순식간에 점령하면 당나라 조정에 공물을 바치는 동남 지역이 몽땅 장군의 손에 떨어지게 될 것입니다."

그러나 애석하게도 유왕의 이 책략은 받아들여지지 않았다.

회남(淮南) 절도사(節度使) 고병(高駢)의 부하 필사택(畢師鐸)이 반란을 일으켜 제 주인 고병을 공격하였다. 필사택이 선주 절도사 진언(秦彦)에게 사람을 보내 원군을 요청했다. 진언이 파견한 원군이 도착한 후 필사택은 쉽사리 양주를 탈취하였다. 필사택이 진언에게 사람을 보내어 장강을 도강해 오면 지방장으로 임명할 것이니 속히 건너오라는 전갈을 보냈다. 이때 누군가 필사택에게 조언하였다.

"장군이 인심에 순응하여 백성들이 원하는 바대로 행한 것은 잘한 일입니다. 이제 장군은 다시 고병을 지방장으로 맞이해야 합니다. 장군은 그를 보필하여 군권만 튼튼히 장악하고 있으면 그 누가 장군의 지휘에 복종하지 않겠습니까? 그러나 진언의 경우는 다릅니다. 그는 원래 선주의 절도사입니다. 그가 이곳 지방장이 되면 여주(廬州, 지금의 안휘성 합비시)와 수주(壽州, 지금의 안휘성 수양시)의 지방장들이 그의 말을 순순히 듣지 않을 것입니다. 이렇게 되면 장군의 성패와 앞날은 아무도 보장해 주지 못합니다. 지금 당장 진언의 도강을 막아야 합니다. 진언도 형세를 잘 분석하면 쉽사리 도강하지 않을 겁니다. 훗날 그가 약속을 안 지켰다고 우리를 비난해도 우리는 역시 고병의 충신이 아닙니까?"

사택은 그의 진언을 건성으로 듣고 말았다. 이튿날 필사택이 이 말을 다른 측근인 정한장(鄭漢章)에게 들려주었다. 정한장은 이 책략이 정말 묘하다고 여겨 조언한 사람을 찾았다. 그러나 그때는 이미 그가 자취를 감춰 버린 후였다.

당조 말기 왕건(王建)이 사천(四川) 절도사로 임명받고 성도(成都)로 부임했다. 현지로 부임한 왕건이 조정의 명령을 받고 팽주(彭州, 지금의 사천성 팽현)의 양성(楊晟)을 토벌하게 되었다. 그런데 거센 반격을 받아 장시간 팽주성을 함락시키지 못했다. 백성들은 전화(戰禍)를 피해 산속으로 피했다. 관병(官兵)들은 백성들을 위안하고 보살피는 대신 대량의 군사를 풀어 백성들을 붙잡아 왔으며 그들의 식량마저 탈취하였다. 이때 왕선성(王先成)이란 기재가 현지 군사 지휘관인 왕종간(王宗侃)을 찾아가 새로운 대책을 알려 주었다.

"산속에 피난 간 백성들은 지금 관군(官軍)이 보살펴 줄 것을 기다리고 있습니다. 그런데 장군은 군사를 풀어 백성들을 오히려 못

살게 굴고 식량을 맘대로 탈취하고 있습니다. 비적 무리와 다를 바가 무엇이 있겠습니까. 군사들은 또 이른 아침에 군영을 나가 날이 어두워야 들어옵니다. 낮이면 군영이 텅텅 비어 있는 것이지요. 가령 팽주성에 지략이 출중한 사람이 있다면 그는 꼭 이 허점을 이용하여 장군을 기습할 것입니다. 그들은 먼저 정예 부대를 성내에 잠복시켰다가 장군이 군영을 비운 틈을 타서 궁수와 포병 백여 명으로 군영의 한쪽을 들이칠 것입니다. 그리고 다른 삼 면은 대군을 집결시켜 집중 공격할 것입니다. 사태가 이렇게 번지면 각 군영의 장병들은 제 한 목숨 지키기에 급급해져 혼란스러워지고, 장군은 총괄 지휘력도 잃게 될 것입니다. 그러면 그 결과는 뻔할 뻔 자 아니겠습니까?"

왕종간이 그의 말을 다 듣고 보니 그럴 법도 했다. 그래서 그는 왕선성에게 해결책을 문의했다. 그러자 왕선성은 왕종간에게 마땅히 지켜야 할 일곱 가지를 가르쳐 주었다. 왕종간이 이 일을 절도사 왕건에게 보고하자 왕건은 그대로 집행하라는 명령을 내렸다. 이에 왕종간은 왕선성이 쓴 고시(告示)를 각지에 배포하였다. 그러자 사흘째 되는 날부터 산속에 도피했던 백성들이 안심하고 산에서 내려왔으며, 군기도 바로잡히게 되었다.

이상의 다섯 사람의 예를 통해 볼 때, 기재(奇才)는 어느 때 어느 곳에나 있음을 알 수 있다. 따라서 사서에 수록되지 않고 초목처럼 이름도 남기지 못한 기재들도 부지기수일 것이다.

신묘한 계략이 십 만 정병보다 낫다

한신(韓信)이 조(趙)나라를 칠 때 그와 맞서 방어하고 있던 조국의 장군은 진여(陳餘)였다. 진여군 중의 한 말단 군관이 진여에게 진언하였다.

"한신의 대군은 승승장구하면서 하북을 석권하고 있습니다. 비록 한신의 대군이 본토를 멀리 떠나왔다 하여도 지금 그들의 사기는 충천합니다. 이때 그들의 예기(銳氣)와 정면 대결을 하는 것은 금기입니다. 저에게 정병(精兵) 얼마를 주신다면 한신의 대군이 아직 질서를 제대로 잡지 못한 지금 그들의 후미를 습격하여 군량과 마초의 공급을 차단하겠습니다.

이와 함께 아군은 튼튼히 성을 사수하면서 적군 주위에 굴을 깊이 파고 성벽을 높게 쌓아 적군을 포위해야 합니다. 이렇게 되면 적군은 전진하지도 못 하고 후퇴하지도 못 하는 진퇴양난에 빠지게 될 것입니다. 이렇게 보름만 견디면 적군은 예기가 꺾이고 절로 어지러워질 것입니다. 그때 기회를 보아 적군을 일거에 공격하면 한신의 머리는 장군의 군기 아래 걸리게 될 것입니다."

이 책략은 확실히 가능성이 있었다. 하지만 진여는 '너 같은 하찮은 말단 군관이 뭘 알아서 종알거리느냐'며 묵살해 버렸다. 결과는 불 보듯 뻔했다. 전투가 시작되자 조군(趙軍)은 형편없이 뭉개지고 진여는 한신의 포로가 되고 말았다.

동한(東漢) 경제(景帝) 때다. 경제 유계(劉啓) 전원(前元) 3년(기원전 154년)에 오왕 유비를 중심으로 한 7국이 반란을 일으켰다. 경제는 주아부(周亞夫)에게 반란군을 진압하라는 중책을 맡겼다. 쌍방은 영양(榮陽, 지금의 하남성 영양 서쪽)에서 맞서게 되었다. 성이 등씨(鄧氏)란 도위(都尉)가 주아부에게 한 계책을 올렸다.

"지금은 기병한 반란군이 막 일어난 때라 예기가 가장 왕성한 때입니다. 이때 아군이 적군과 정면 대결을 하면 피해가 아주 클 것입니다. 먼저 양국(梁國)의 땅을 잠시 적군에게 내어준 다음 경기병을 보내어 적군의 군량미 수송로를 차단하는 것이 상책입니다. 아군이 이 틈을 이용해 튼튼히 방어 준비를 한다면 적군도 감히 공격해 오지 못할 것입니다."

주아부는 비록 도위의 관직이 높지는 않았지만 그의 건의를 받아들였다. 과연 반란군은 주아부의 계책에 빠져 대패하였다.

위의 두 사실에서 수하가 상급에게 건의한 용병계책(用兵計策)은 다르지 않았다. 다만 그 계책을 채택하느냐 안 하느냐의 여부에 따라 결과가 판이하게 달랐을 뿐이다.

전국(戰國)시대 진(秦)나라가 조(趙)나라를 공격하였다. 무안(武安, 지금의 하북성 무안현)에 주둔한 진군은 먼저 관여(關與, 지금의 산서성 화순 경내)를 점령할 계획을 짰다. 이때 조(趙)나라에서 보낸 조사(趙奢)의 원군이 한단(邯鄲, 지금의 하북성 감단시)에서 30리 떨어진 곳에 당도하였다. 조사는 더 이상 진군하지 않고 그곳에 주둔하였다. 조군은 견고한 방어 공사를 신축하고 그곳을 철통같이 사수하기로 하였다.

28일이 지나도 조군은 움직일 생각을 하지 않고 계속 방어 공사에만 열을 올렸다. 이에 속은 진군은 조군이 공격할 계획이 없고 다만 방어만 하려 한다고 믿었다. 그리하여 진군의 조심성은 이내 허물어지고 말았다. 조군은 이 틈을 놓칠세라 대규모 기습을 가했다. 마음을 놓고 있던 진군은 조군이 마치 하늘에서 내려온 신장(神將)이나 땅속에서 솟은 용장(勇將)으로 보였다. 뜻밖의 기습을 당한 진군은 대패하여 허둥지둥 후퇴하고 말았다. 조사의 전략은 이른바 '적군을 손바닥에 놓고 논다'였다. 그는 싸움 이전에 이미 승리했다는 상주문을 준비하고 있을 정도였다.

똑같은 사건도 정책에 따라 결과는 천양지차이다

유씨(劉氏) 한조(漢朝) 때 두 '무제(武帝)'가 있었다. '무(武)'란 위풍
당당하다는 뜻이다. 두 무제 중 하나는 서한(西漢)의 무제 유철(劉
徹)이고, 다른 하나는 동한(東漢)의 광무제(光武帝) 유수(劉秀)이다.

서한의 무제 말기 전국 각지에는 비적이 난무하여 백성들을 못
살게 굴었다. 비적들은 무리를 지어 다니며 세상을 소란스럽게 하
였다. 비적 무리는 많으면 천여 명이요 적어도 몇 백 명이나 되었
다. 비적의 출현은 천하의 태평성세를 이루어 보겠다던 무제에게
는 큰 타격이 아닐 수 없었다.

무제는 각 지역에 조정의 사신을 보내어 지방마다 군사를 동원
하여 비적을 소탕하라는 어명을 내리었다. 참혹하고 끔찍한 살육
은 이렇게 시작되었다. 어명이 엄한 데다, 비적 소탕에 공이 있으
면 크게 상을 준다고 하였으니, 각지의 군사 책임자들은 이 기회를
빌려 한몫 잡으려는 욕심으로 닥치는 대로 사람들을 살육하였다.

물론 그들이 살육하는 사람들 가운데는 비적들도 있었다. 그러나 공을 세우려는 욕심에 눈이 뒤집힌 지방관들은 무고한 백성들도 가리지 않고 죽였다. 한 번의 소탕으로 '비적' 만여 명을 처단했다는 자가 있을 정도였다.

사태가 이렇게 되었는데도 한무제는 '심명법(瀋命法)'을 반포하였다.
'심명법'의 주요 내용은 다음과 같다.

> 비적의 피해가 있어도 보고하지 않거나, 그들을 모조리 소탕하지 않을 때는 국록 2천 섬 이내의 주 관리들까지도 일률적으로 사형에 처하겠노라.

법규가 이토록 엄하고 가혹하니 관리들 중 징벌을 두려워하지 않는 이가 없었다. 그래서 그들은 자신의 고을에 비적이 있다는 사실을 일부러 보고하지 않게 되었다. 괜히 비적이 있다고 했다가 그들을 다 소탕하지 못하면 목숨을 부지하는 것도 문제려니와 상급 기관인 주(州) 관가에도 연루가 되기 때문에 주 관가의 관리도 조정의 징벌이 무서워 아래의 거짓 보고를 눈감아 주었다. 일이 그지경이 되다 보니 결국 각지의 비적은 점점 더 늘어났고 도무지 해결할 수 없는 상황에까지 이르게 되었다.

광무제(光武帝) 때에도 각지에 비적들이 우글거렸다. 그런데 광무제가 취한 조치는 무제(武帝)와 달랐다. 그는 주변 각국에 사자를 파견하여 주변 각국에서 비적들을 이간질하도록 하는 책략을 취해 비적들 간에 서로 고발토록 하였는데, 다섯 명이 비적 한 사람을 신고하면 그 다섯 명을 다 무죄로 해 준다는 것이었다. 그리고 지방 관리가 과거에 비적을 신고하지 않고 그들을 소탕하지 않았어도 문죄하지 않는다고 했다. 나아가 만약 이런 사람이 앞으로 비적 토벌에 적극적으로 나서면 상을 내리겠다고 하였다. 다만 고의적으로 비적을 숨겨 주든가 비적과 내통하는 관리들은 극형에 처한다는 엄명을 내렸다.

광무제의 이러한 방침은 곧 인심을 얻었다. 지방 관리들은 서로 앞다투어 비적 토벌에 나섰다. 비적들은 도처에서 토벌하는 지방군의 공격을 막을 길이 없어 투항 귀순하는 자가 많아졌고 끝까지 대항한 자들은 모두 처형되었다.

이상 두 가지 사실은 모두 나라의 안전과 관련된 정책 문제였다. 전한 무제는 엄격하게 징벌하는 정책을 취했던 데 비해, 광무제는 관용을 베풀어 지방 관리들의 적극적인 호응을 얻는 데 중점을 두었다.

무제의 방침이 광무제의 방침보다 하수라는 것은 실제로 그 결과가 잘 보여 준다.

누가 모반했느냐보다 누구를 처리할 것인가에 뜻이 있다

경포의 수하 분혁(賁赫)이 경포가 모반하려 한다는 사실을 밀고하였다. 한고조(漢高祖) 유방(劉邦)이 밀고의 내용을 승상인 소하에게 말했다. 그러자 소하가 말했다.

"경포는 절대로 모반하지 않을 것이옵니다. 아마도 경포와 알력이 있는 사람이 중상모략한 것이라 생각되옵니다. 하여튼 먼저 분혁을 잡아 올리고 보아야 할 것입니다. 경포의 문제는 암암리에 사람을 보내어 그의 거동을 살펴보고 다시 상의하는 것이 어떠하옵니까?"

일이 상서롭지 못한 것을 안 경포는 정말로 군사를 일으켜 한나라를 배반하였다.

한신(韓信)이 모반하려 한다는 밀고장이 올라왔다. 평소에 한신의 위망이 너무 높아 근심하던 여후(呂后)는 마침 좋은 기회라 생각했다. 여후는 곧 소하(蕭河)를 불러 무슨 방법을 써야 한신을 경성으로 올라오게 할 수 있겠느냐고 물었다. 소하는 여후의 심보를 뻔히 알면서도 여후(呂后)에게 한신(韓信)을 불러올 계략을 알려 주었다.

"당장 한신에게 파발마를 띄워 진회의 반란을 이미 평정했으니 하루속히 경성으로 올라와 왕후들과 대신들이 참가하는 축하 경연에 동참하라는 조정의 지령을 전달하도록 하시옵소서."

소하는 직접 한신에게 보내는 편지까지 썼다.

"황제 폐하께서 이미 진회의 반란을 평정하였습니다. 설사 병이 있다 하더라도 꼭 상경하여 황제 폐하께 축하를 올리시기 바랍니다."

한신은 그들의 간계를 까맣게 모르고 상경했다가 여후의 지령에 따라 피살되고 말았다.

소하(蕭河)가 유방에게 한신을 간곡히 추천하였기 때문에 한신이 한나라의 대장군이 되었다. 그런데 소하는 또 계략을 써서 한신을 경성으로 올라오게 하여 여후에게 피살되게 하였던 것이다. 소하와 한신에 얽힌 이러한 사실을 두고 당시 백성들 사이에는 '흥하기도 소하 때문이요, 망하기도 소하 때문이다'란 말이 돌았다. 소하가 무엇 때문에 경포는 구해 주었는데 한신에게는 함정을 파놓았는지 참으로 의심스럽다 하지 않을 수 없다.

　당시 한고조 유방은 경성을 떠나 전선에서 군사를 지휘하였다. 한편 조정은 여후가 좌지우지하였다. 그때 무슨 급변이라도 일어나 조정을 지키던 소하가 부득불 한신을 모살한 것은 아닌가 하는 생각도 든다. 하여튼 소하는 경포에 대해서는 천천히 조사한 후 처분하자고 했지만 한신은 상경 즉시 처단해 버렸던 것이다.

나라가 위급할 때 바친 모략과 계책

광무제(光武帝) 유수(劉秀)가 왕랑(王郞)을 토벌하기 시작하였다. 광무제의 맹공에 하북 지역의 많은 할거 세력들이 앞다투어 투항하였다. 그런데도 거록(鉅鹿, 지금의 하북성 평향현), 신도(信都, 지금의 하북성 기현) 두 곳의 군수만은 투항하지 않고 성을 사수하였다. 이때 많은 대신이 귀경할 것을 광무제 유수에게 진언하였다. 주변이 다 한나라 땅이 되었으니 손바닥만 한 두 군들이야 저절로 망하게 될 것이라는 것이 회경의 이유였다. 이때 비동이 다른 의견을 내놓았다.

"지금 두 군을 한꺼번에 소멸시키지 않고 귀경한다면 이미 탈취한 하북의 땅을 다시 잃을 수가 있습니다. 그렇게 되면 삼보(三輔) 수병(守兵)들의 부담이 한꺼번에 가중되지 않을까 우려되옵니다."

비동은 또한 대군이 귀경하면 한단(邯鄲)의 사병들이 원 지방 장관을 다시 모시게 될 것이고, 그들이 일부러 천 리가 넘는 경성으로 공물을 보내지 않을 수 있다고 설파하였다. 광무제는 뭇 신료들의 건의를 부정하고 비동의 건의를 채택하였다. 광무제는 귀경을 서두르지 않고 전 하북 지역을 탈취하는 데 전력을 바쳤다. 훗날 송나라 시인 소식(蘇軾)이 이 일을 평가하였다.

"그야말로 동한(東漢)의 흥망성쇠를 판가름하는 관건이었다. 비동은 가히 동한의 개국공신이라 하겠다."

비동은 이전에 운대제장(雲臺諸將, 한나라 궁궐 내에 세운 제단에 유명한 재상과 장군의 화상을 모셨는데 모두 28명이다. 이 28명을 운대제장이라 한다.) 중에서 별로 유명하지 못했다. 그러나 이와 같은 고견을 내놓고부터는 유식자들이 그를 경외하였다.

서한 고조 유방이 죽자 여후는 심식기(審食其)를 불러 밀모를 하였다.

"조정의 많은 노장군들은 모두 고조와 함께 이 나라를 세운 유공자들이오. 지금 그들이 어린 황제를 받들어 모시고 있지만 불만이 많을 거요. 일찍 손을 써서 노장군들을 처치해 버려야지 그대로 두었다간 천하가 조용하지 않을 것이오."

여후와 심식기는 한바탕 의논을 끝낸 뒤 잠시 동안 국장을 치르지 않기로 합의했다. 역상이 심식기(審食其)를 만났다. 이 일을 알게 된 역상이 심식기에게 진언하였다.

"정말 여후의 말대로 한다면 나라가 망하게 될 위험이 있습니다. 진평(陳平)·관영(灌嬰)이 영양(榮陽)에서 10만 대군을 거느리고 있으며 번회(樊會)·주발(周勃)이 연(燕)·대(代) 일대에서 20만 대군을 거느리고 있습니다. 일단 그들이 고조가 붕어(崩御)했고 조정 대장군들이 살해당했다는 소식을 듣는다면 당장 연합하여 경성으로 쳐들어올 것입니다. 그러면 한나라도 끝장입니다."

심식기가 이 말을 여후에게 전달하면서 다시 심사숙고하는 것이 좋겠다고 권유했다. 여후는 한숨을 내쉬며 역상의 건의를 받아들였다. 당시 한나라 조정 내의 형세는 그야말로 긴장감이 돌고 있었다. 도화선에 불만 당기면 당장 폭발할 위험한 순간이었다. 역상의 지혜로 이 위기를 무사히 넘겼으니 역상의 공로야말로 역사책에 기록하여 길이길이 전할 만하다. 그런데도 그 누구 하나 역상을 추천하거나 표창한 사람이 없었다.

단기로 입성하여 반역자들을 평정하다

동한 말기 지방 할거 세력들의 입김이 점점 더 거세지면서 중앙의
명령이 잘 이행되지 않았다. 건안(建安)년 하동군(河東郡) 태수 왕
읍(王邑)이 조정의 소환을 받고 중앙으로 발탁되었다. 그가 조정의
소환을 받고 출발 준비를 하고 있는데 그의 부하인 위고(衛固)와
범선(范先) 두 사람이 그를 막았다. 이들 두 사람은 이미 북쪽 병주
(并州, 지금의 산서성 태원시)의 고알과 물밑 접촉이 있었다. 일단 기회
를 엿보아 동한을 배반하고 지방 할거를 약속했던 것이다.

　위고와 범선이 막고 나서자 태수 왕읍은 그곳을 떠날 수 없게 되
었다. 그러자 당시 조정의 대권을 쥔 조조(曹操)가 먼저 신임 태수
를 파견하기로 했다. 새로 하동군 태수로 부임하게 될 사람은 바로
두기(杜畿)였다. 두기에게는 하동군의 어려운 국면을 수습하라는
중임이 맡겨졌다.

　임명장을 받은 두기가 부임길에 올랐다. 황하 강가의 섬현(陝縣,

지금의 하남성 삼문협)에 이르렀을 때 위고가 파견한 군사들이 그의 앞을 막았다. 함부로 황하를 건넜다가는 무슨 변이 생길지 모를 일이었다. 섬현에서 몇 달간이나 위고의 수하와 상의를 했지만 대답은 한결같았다. 황하를 건너면 안 된다는 것이었다.

두기는 부득불 다른 방법을 강구하였다. 당시 하동군에는 3만 인구가 살고 있었는데 그들이 다 동한(東漢)을 배반하지는 않았을 것이라고 생각한 그는 반드시 자기가 그곳으로 가야 한다고 생각했다. 그는 위고가 누구인지 알고 있었다. '그는 총명하고 지모는 있으나 과단성이 모자란 인물이다. 일단 내가 그 앞에 나타나면 그는 반드시 나의 태수직을 승인할 것이다. 그러면 천천히 기회를 보면서 그곳의 문제를 처리할 수 있을 것이다.'

마음을 정한 두기는 홀로 말을 타고 아무도 몰래 황하를 건넜다. 과연 일은 그의 추측에서 벗어나지 않았다. 두기가 하동군에 도착하니 위고와 범선이 그의 태수 관직을 승인하였다. 두기는 잠시 그들의 신경을 건드리지 않는다는 계책을 채택했다. 그러고는 위고와 범선에 대한 칭찬만을 늘어놓았다.

"위씨와 범씨는 모두 하동의 대가문이란 말을 들었소이다. 비록 이 사람이 태수라고는 하지만 앞으로 하동군은 두 분의 의사를 좇아서 관리할까 합니다."

위고와 범선은 두기 태수의 말을 듣고는 기분이 좋아 득의양양했다. 그러나 불과 수십 일이 지나지 않아 두기는 군사를 풀어 그 둘의 목을 베어 버렸다.

당조(唐朝) 때 '안사의 난(安史之亂)'이 일어난 후부터는 지방 세력의 역량이 점점 강해졌다. 장군의 힘이 강력해지면 조정을 배반하고, 수하 병졸의 힘이 강력해지면 장군을 살해한다는 말이 공공연히 나돌았다.

당덕종(唐德宗) 정원(貞元) 초기 섬괵(陝虢, 지금의 하남성 삼문협 영보 일대) 병마사(兵馬使) 달해포휘(達奚抱暉)가 절도사(節度使) 장권(張勸)을 죽이고 군무를 장악하였다. 달해포휘는 자신을 절도사로 임명해 줄 것을 조정에 상주하였다.

당덕종은 이비(李泌)을 파견하여 섬괵의 일을 처리하도록 명하였다. 이비가 떠나려 할 때 당덕종은 자기의 신책군(神策軍)에게 명하여 그를 호송하도록 하였다. 그러나 이비는 이를 사양하고 단창필마로 동관(潼關)을 넘었다. 이때 3천여 명이 넘는 군사들이 대열을 정연히 지어 그를 맞이하였다. 잠시 후 책임 군관이 이비에게 군례를 올리고 보고하였다.

"황제 폐하의 어명을 받고 대감님을 호송하기로 되었습니다."

이비가 즉시 그 군관에게 당장 귀경하라는 명령서를 썼다. 3천 군사를 돌려보낸 이비는 다시 단창필마로 섬괵을 향해 갈 길을 재촉했다. 이비가 도착한다는 소식을 알게 된 달해포휘는 수하들에게 명령을 내려 수하들이 성문 밖 멀리까지 가서 이비를 맞이하지 못하도록 하였다. 이러한 처사는 규정에 어긋나는 것이었다. 이비가 성 밖 15리쯤 왔을 때 달해포휘가 직접 나가 그를 맞이했다. 이비는 속이 뒤틀렸지만 듣기 좋은 말로 달해포휘를 달래었다.

"대감께서 섬괵이 위태로울 때에 어려운 짐을 지고 군중 사무를 보시느라 수고가 많았으리라 생각됩니다. 국가를 위하여 이 땅을 지킨 공은 조정에서도 잊지 않을 것입니다."

곧 성에 입성한 이비는 그 즉시 섬괵의 행정을 맡아 보았다. 이튿날 모든 준비를 끝낸 이비가 달해포휘를 관청으로 불렀다.

"절도사를 죽인 자는 바로 네가 아니냐! 그 죄가 멸족당할 만큼 크다는 것은 너도 잘 알 것이다. 그러나 내 오늘 너의 목숨만은 살려 줄 것이다! 하지만 이는 내가 너를 보살펴 주려는 것이 아니다. 다만 너를 죽인다면 앞으로 조정에서 임명한 관리를 안 받아 주는 일이 또 생길까 우려해서이다. 그러니 하루빨리 이곳을 떠나거라!"

달해포휘에게는 청천벽력 같은 소리였다. 그나마 목숨을 부지한 것만도 천만다행이었다. 달해포휘는 원한과 감격을 품은 채 그 곳을 떠날 수밖에 없었다.

개봉(開封)에서는 또 이런 일이 발생하였다. 개봉의 군사를 책임진 선무군(宣武軍) 절도사 이만영(李萬榮)의 아들인 병마사(兵馬使) 이내(李乃)가 부친의 병이 위급한 틈을 타서 부친의 군권을 탈취하려는 계획을 하고 있었다. 그런데 다른 한 군관 등유공(鄧惟恭)이 이에 동의하지 않았다. 등유공은 이내의 거동을 알고는 그를 거사 전에 구속하여 경성에 있는 조정으로 압송시켰다. 그런데 이 등유공이란 작자도 결국은 야심가였다. 이내의 뒤를 이어 자신이 절도사로 임명될 것으로 철썩같이 믿고 있었던 것이다.

그런데 조정에서는 동도(東都, 지금의 하남성 낙양시) 유수(留守) 동진(董晉)을 선무군 절도사로 파견했다. 크게 실망한 등유공은 동진(董晉)을 맞이할 사람을 낙양으로 파견하지 않았다. 결국 동진은 10여 명의 일꾼과 머슴만 데리고 개봉으로 출발했다. 그중 사병은 단 한 사람도 없었다. 정주에 도착했을 때 수하의 한 일꾼이 동진에게 귀띔했다.

"나리, 여기서 잠시 머물며 동정을 살펴보는 편이 좋을 것 같습니다. 개봉 쪽의 소식을 잘 파악한 뒤에 떠나도 무방할 것입니다."

개봉에서 건너온 사람들도 잠시 머물러 있는 것이 좋겠다고 동진에게 권유했다. 그러나 동진은 그들의 권고를 모두 물리치고 계속 개봉을 향해 길을 재촉했다.

동진이 이처럼 빨리 개봉에 도착할 줄은 미처 짐작하지 못했던 등유공은 대책도 세우지 못한 채 부랴부랴 동진을 마중하러 성 밖으로 나갔다. 무사히 개봉성에 입성한 동진은 군정대사를 여전히 등유공에게 맡겨 처리하도록 하였다. 등유공은 그 영문과 내막을 몰라 오히려 더 불안한 나머지 모반을 획책했다. 그러나 실은 동진의 계책에 등유공이 말려든 것이었다. 미리 모든 손을 다 써 놓았던 동진은 이 일을 빌미로 등유공과 그의 일당을 모조리 참수해 버렸다.

위의 세 사람이 당시에 처한 상황은 정말로 위기일발의 순간이었다. 그러나 그들은 모두 단창필마로 호랑이 굴에 들어가 침착하게 일을 처리하였다. 이러한 그들의 지혜와 용기는 과연 비범하다 하겠다. 당나라의 《사기(史記)》에는 동진이 연약하고 우유부단하여 정사(政事)를 제대로 다루지 못했다고 평가하였는데 이것은 사실과 다르다. 당시 조정에서는 동진이 낙양에 도착한 후 그곳 일을 제대로 처리하지 못할까 걱정되어 여주(汝州) 자사(刺史) 굴장원(屈

長源)을 파견하여 그의 조수로 임명하였다. 굴장원은 성격이 괄괄하고 강직한 인물이었다. 그는 그곳 과거의 법규를 몽땅 뜯어고치려고 했다. 동진은 그러한 그의 주장을 처음부터 막지는 않았으나 굴장원의 '개혁 방안'이 올라오면 동진은 언제나 허락하지 않았다. 동진의 침착하고 여유 있는 정책이 있었기에 개봉은 무사태평할 수 있었던 것이다.

과거 선무군(宣武軍)의 장병들은 위세를 믿고 자신의 힘을 과시했다. 절도사는 장병 중 가까운 부하들을 뽑아서 관청을 지키게 하였는데 그들이 그 좁아터진 위세를 믿고 허세를 부렸던 것이다. 절도사는 자기의 안전을 지키고 수하의 반란을 막는 관청 수병(守兵)들에게 자주 술과 고기를 내주며 위로했다. 그러나 동진이 절도사로 가고부터는 근위대를 아예 해산시키는 한편 이와 같은 관례도 다 없애 버렸다.

동진은 개봉 절도사로 있은 지 3년 만에 사망했다. 그의 부하 굴장원이 그의 뒤를 이어 개봉 절도사가 되었는데, 굴장원은 얼마 못 가서 반란군에게 목이 잘리고 말았다. 만약 동진이 살아 있었다면 이와 같은 일은 일어나지 않았을 것이다.

지략술

한문제(漢文帝) 때 환관 조담(趙談)이 자주 황제 앞에서 원앙(袁盎)
의 험담을 하였다. 원앙은 언제 무슨 재앙이 떨어질지 몰라 근심이
태산 같았다. 그의 조카 원종(袁種)은 그에게 위기 탈출의 방법을
알려 주었다.

"뒤에서 끙끙거리지만 말고 아예 공개석상에서 조담과 논란을
벌여 한바탕 그를 골려 주십시오. 그러면 조담이 제아무리 황제 폐
하 앞에서 삼촌을 헐뜯어도 아마 그의 말을 믿지 않을 것입니다."

원앙이 들어 보니 조카의 말이 그럴듯했다.

하루는 한문제(漢文帝)가 대궐을 나와 어느 한 곳으로 행차하였
다. 조담(趙談)도 황제와 동행하여 한 어가에 앉았다.

'이제야 기회가 왔구나!'

원앙은 황제의 어가 앞으로 불쑥 나와 덥석 절을 하였다.

"폐하, 소신이 알기로는 황제 폐하와 어가를 함께 탈 수 있는 사

람은 국가에 대공을 세운 영웅호걸뿐이라 들었습니다. 그런데 지금 폐하께서는 거세한 사람을 한 어가에 앉혔으니 대단한 결례라 사려되옵니다."

원앙의 말에 일리가 있다고 여긴 한문제는 웃음을 지으며 조담을 어가에서 내리게 하였다. 조담은 하도 기가 막히고 분통하여 눈물을 찔끔찔끔 짰다.

동진(東晉) 명제(明帝) 때의 일이다. 당시 조정에서 국사 정무를 주관했던 사람은 중서령(中書令) 온교(溫嶠)였다. 변경에서 군권을 쥐고 조정 신하들을 안하무인으로 대하는 왕돈(王敦)이 온교를 매우 미워했다. 왕돈은 온교의 조정 권력을 박탈할 심산으로 그를 자기 수하로 소환시켜 좌사마(左司馬)로 임명하였다. 온교는 자신이 왕돈의 주변에 있다는 것이 아무래도 불안했다. 그리하여 단양(丹陽, 지금의 강소성 남경시)으로 전임시켜 달라고 하였다. 떠나기 전에 온교는 왕돈의 고문 책사 전봉(錢鳳)이 자신을 가해하지 않을까 두려워 환송연 때 꾀를 썼다.

온교가 일어나 한 사람 한 사람 술을 권했다. 전봉에게 술을 권할 차례가 왔다. 온교는 술에 취한 듯 몸을 가누지 못하여 전봉의 망건을 바닥에 떨어뜨렸다. 그러고 나서 노발대발하며 전봉을 꾸짖었다.

"전봉, 너라는 놈은 도대체 어떤 놈이냐! 이 대감이 술을 권하는
데 감히 거절한다는 말이냐!"

온교가 출발한 뒤 전봉이 왕돈을 찾아가 진언했다.

"온교 그 사람은 조정에 인맥이 아주 넓습니다. 그를 대수롭게
봐서는 안 됩니다."

이 말은 곧 온교를 신변에 두고 감시해야 한다는 뜻이었다.

전봉의 건의를 들은 왕돈은 심기가 불쾌하였다.

"내가 보아하니 온교는 어제 술에 취했고, 취중에 자네를 구박했
던 것인데 그까짓 것을 가지고 그를 험담한다면 사내대장부가 아
니지."

왕돈은 온교의 건의를 받아들여 그가 고이 떠나도록 해 주었다.

자신의 정당성을 인정받기 위해 꾀를 쓴 위 두 사람의 슬기로움
은 정말 탄복할 만하다 하겠다.

관용을 베풀어야 할 때와 엄단을 내려야 할 때

조조(曹操)는 배잠(裴潛)을 대군(代郡) 태수로 삼아 오환삼선우(烏桓三單于)의 반란을 평정하였다. 조조가 배잠을 궁궐로 소환하여 대군(代郡)을 잘 관리했다고 칭찬했을 때 배잠이 조조에게 말했다.

"소인이 대군을 관리할 때 백성들에게는 관용을 베풀었습니다. 그러나 오랑캐들한테는 엄하게 대했습니다. 지금 저 대신 대군 태수로 간 사람은 반드시 제가 군내(郡內) 백성들을 너무 엄하게 다스렸다고 생각할 것입니다. 그렇기 때문에 군내에 있는 오랑캐들에게 은혜를 베풀 수도 있습니다. 하지만 먼저 알아야 할 사실이 있습니다. 오랑캐란 본디 그 성정이 야만스러워 너그럽게 대해 주면 제 배짱대로 다 하려고 들 것입니다. 그때 가서는 별수 없이 또 엄하게 단속할 수밖에 없습니다. 원한을 품고 반란을 일으키게 되는 원인이 바로 여기에 있는 것이지요. 두고 보십시오. 앞으로 대군에서 꼭 난이 일어날 것입니다."

배잠의 분석에 일리가 있다고 생각한 조조는 그를 너무 일찍 조정으로 소환한 것을 후회하였다. 이후 일은 과연 배잠의 예언대로 되었다. 얼마 뒤 선우(單于)가 반란을 일으켰다는 급보가 조정에 올라왔다.

후위(後魏) 때 육후(陸候)가 회황(懷荒, 지금의 하북성 장북현)을 지키고 있었다. 당시 고차(高車, 지금의 하북과 내몽 일대)의 장병들은 연합하여 조정에 상소를 올렸다. 육후(陸候)가 너무 가혹하게 부하를 단속하여 다들 원성이 자자하니 원래 회황을 지키던 장군 낭고(郎孤)로 바꾸어 달라는 내용이었다. 위제(魏帝)는 상소의 요구대로 육후를 조정으로 소환하였다. 경성으로 소환된 육후가 황제에게 아뢰었다.

"폐하, 앞으로 두고 보십시오. 일 년이 못 가서 고차에서는 난이 일어날 것입니다."

위제는 화가 나 그를 엄하게 꾸짖었다.

이듬해 고차(高車) 각부의 장병들이 낭고(郎孤)를 살해하고 반란을 일으켰다. 이때 일 년 전 육후의 예언이 떠오른 황제가 육후를 불렀다.

"애경은 고차에서 난이 일어날 것을 어떻게 알았는가?"

육후가 아뢰었다.

"고차 각부의 장병들은 군신의 예를 잘 모르옵니다. 소신은 국법으로 그들을 규제했사옵니다. 그들이 점차 군신대례(君臣大禮)에 익숙해지자 그때는 관용을 베풀었사옵니다.

그랬더니 그들은 소신이 너무 가혹하다고 상소하였으며, 그 때문에 저 대신 간 낭고는 관용을 베풀 것이 분명했습니다. 그렇게되면 이들이 점차 고개를 쳐들고 교만해질 것이고, 낭고는 어쩔 수 없이 다시 소신처럼 각부 장병들을 엄하게 단속할 것입니다. 이렇게 되면 서로 원한과 갈등이 생길 것이오며, 이 앙숙이 풀리지 못하게 되면 난이 일어나게 되는 것입니다. 이러한 이치를 미리 간파하였기에 난이 일어날 것을 알았던 것이옵니다."

위제는 그때야 도리를 깨달았다. 이를 볼 때 배잠과 육후는 관용과 엄단을 적절히 겸할 줄 아는 책략가라고 할 수 있다.

정국(鄭國)의 자산(子産)이 병석에 눕게 되었다. 그러자 자기를 이어 재상이 될 자대숙(子大叔)을 불러 부탁했다.

"인덕(仁德)이 있는 사람만이 관후(寬厚)한 정치에 따를 것입니다. 그렇지 않을 때는 엄단하는 것이 가장 좋은 방법입니다."

그런데 자대숙은 국책을 엄하게 시행하지 않았다. 과분한 것이 아닌가 하고 생각했기 때문이다. 그 결과 추부에 내란이 일어났다.

비적들이 뭉쳐 근처에 출몰하여 무고한 사람을 죽이고 재물을 약탈하였다. 자대숙이 파병하여 내란을 진압하게 했지만 내란을 일으킨 무리를 근절하기까지 꽤나 오랜 시간이 걸렸다. 자대숙은 애당초 자산의 말을 듣지 않은 것을 후회하였다.

공자도 관용과 엄단을 겸해야 한다는 견해를 역설했다. 엄단으로 관용을 뒷받침하고 관용으로 엄단을 보완할 때 국가의 안정이 보장된다는 것이었다.

우환과 고차 등은 제대로 교육을 받지 못하였기 때문에 예법을 잘 몰랐다. 배잠과 육후는 먼저 엄하게 그들을 단속하여 국법과 예법에 적응시켰다. 이 기초 위에서 관후한 정책을 시행했던 것이다. 관용과 엄단, 이 양자를 잘 보완하면 나라의 장기적인 안정이 이루어질 수 있는 것이다.

후세 사람들은 단순히 용맹하고 담대하고 엄격한 것만이 나라의 안정을 보장할 수 있다고 여기고, 이를 보완하는 정책에는 신경을 쓰지 않았기에 많은 사회적 동요를 가져왔다. 이 도리는 중국이나 주변국들이나 다 마찬가지다. 실패한 사람들의 원인이 바로 여기에 있다.

실수를 인정하고 공과는 나누어 주다

조조(曹操)가 북방을 통일하는 과정에서 장성(長城) 이북의 소수민족 지방 수령인 오환(烏桓)을 정복할 계획을 세웠다. 그런데 이것은 위험천만한 일이었기에 여러 장령들은 삼가고 주의할 것을 진언하였다. 그러나 조조의 결심은 바뀌지 않았다. 그는 모든 권유를 물리치고 대담하게 출병하였다. 그러나 예상과는 달리 조조는 오환(烏桓)을 쉽게 제압하였다. 이로써 북방을 통일하려는 조조의 계획도 달성되었다. 개선가를 부르며 귀경한 조조가 당시 북벌 계획을 반대했던 사람이 누구인지 알아 올 것을 명령했다.

북벌을 반대했던 장군들은 혹시 가혹한 처벌이나 받지 않을까 하여 마음이 조마조마했다. 그런데 뜻밖에도 그들에게 돌아온 것은 후한 상금이었다. 당사자들은 무슨 영문인지 몰라 단지 얼떨떨할 뿐이었다.

이에 조조가 그 원인을 해명했다.

북벌은 확실히 모험이었다. 요행히 북벌은 성공했지만 이것은 하늘이 도운 것이다. 정상적인 일이라고 봐서는 안 된다. 여러 장군들이 나의 단행을 말린 것은 혹시 실패하지는 않을까 하는 우려 때문이다. 이것은 호의에서 한 말이다. 내가 지금 그들에게 상금을 내린 것은 앞으로 다른 견해가 있더라도 모두가 서슴없이 자신의 생각을 제시하도록 권장하기 위함이다. 그러니 차후에도 자신의 의견을 허심탄회하게 털어놓기 바란다.

삼국시대(三國時代)에 들어선 위(魏)나라가 오(吳)나라를 토벌할 계획을 세우고 있던 때였다. 위나라는 좋은 계책이 있으면 서슴없이 조정에 제기할 것을 호소했다. 상서(尙書)가 부하를 불러 단독으로 그의 견해를 물어보았다. 부하가 말했다.

"장병들은 전쟁의 승패 여부를 세심히 검토하지 않습니다. 그들은 전쟁에서 공을 세울 생각만 앞세웁니다. 때문에 섣불리 출전하는 것은 삼가야 합니다."

조정 대권을 쥔 대장군(大將軍) 사마사(司馬師)는 그의 말을 마이동풍으로 흘려 넘겼다. 위나라는 군사를 세 갈래로 나누어 오나라로 밀고 들어갔다. 그러나 결과는 대패였다.

위나라 조정 내부에서는 의논이 분분하였다. 출정을 강경히 견지한 장군들을 탄핵하자는 목소리가 높았다. 그러자 사마사가 나서서 그들을 설득하였다.

"아니오. 장군들에게는 잘못이 없소이다. 이 사람이 부하의 건의를 듣지 않았기에 전패한 것이오. 죄가 있다면 그건 모두 이 사람의 죄요."

그 결과 장군들은 아무런 처벌도 받지 않았다. 다만 그때 감군(監軍)으로 있던 사마사의 동생 사마소(司馬昭)만 처분을 받고 작위를 박탈당했다.

옹주(雍州, 지금의 섬서성 장안 일대) 자사(刺史) 진태(陳泰)가 조정에 상서를 올려 병주(幷州, 지금의 산성성 태원시)와 연합하여 오랑캐를 토벌할 것을 건의했다. 사마사가 그의 건의를 받아들였다. 그러나 토벌 준비가 미처 끝나기도 전에 병주(幷州)와 옹주(雍州)의 백성들이 반란을 일으켰다. 병사 모집에 시달릴 대로 시달린 백성들이 그동안 참았던 울분을 토한 것이다. 이때 사마사가 또 신하들 앞에서 사과했다.

"이것은 이 사람의 과실일세. 진태에겐 책임이 없소."

신하들치고 사마사의 이 말에 탄복하지 않는 이가 없었다.

사실 조조나 사마사는 둘 다 간신으로 불린다. 하지만 그들은 자신의 과실을 스스로 인정하고 이득은 남에게 돌려주었다. 이렇게 하였기에 누구나 다 그들에게 탄복하였고 그들의 명령이라면 팔을 걷어붙이고 나서는 자가 많았다.

이와 반대로 동한(東漢) 말기 원소(袁紹)는 전풍(田豊)의 계책을 채택하지 않아 대패하였다. 그런데 그는 조조나 사마사와는 달리 "이 사람이 전풍의 권고를 듣지 않았기에 실패했으니 이제 그의 웃음거리가 될 것"이라며 전풍을 주살하였다. 이것만 보더라도 훗날 원소가 패망한 원인은 대강 짐작할 수 있다.

유비무환

동진(東晉) 때 노순(盧循)이 반란을 일으켰다. 그는 함께 봉기한 서도복(徐道覆)을 시흥(始興, 지금의 광동성 곡강)의 지방관으로 임명하였다. 훗날 노순이 건강(建康, 지금의 강소성 남경시)을 침공할 때 서도복을 다시 선봉장으로 삼았다. 서도복이 소환장을 받고 노순을 찾아왔다. 그때 서도복이 가져온 선물은 뜻밖에도 선박이었다. 많은 사람들이 경탄을 금치 못하면서 언제 어디서 이렇게 많은 배를 만들었는지 궁금해했다.

일인즉 이러했다. 시흥(始興)의 지방관으로 내려간 서도복은 곧 그곳의 질서를 잡기 시작하였다. 그리고 남강산(南康山)에 역부를 보내어 대량의 원목과 대나무를 벌목하게 했다. 그는 운송해 온 원목과 대나무를 공개적으로 파는 한편 많은 원목들을 남모르게 감추어 놓았다. 서도복의 행위는 그 누구의 의심도 사지 않았다. 자기를 선봉장으로 임명한다는 소식을 들은 서도복은 이 원목으로 선박을 제조한 것이다. 불과 보름 만에 수많은 선박이 제조된 것은 그가 이미 모든 준비를 마쳐 놓고 있었기 때문이었다.

남조(南朝) 양(梁國)나라의 개국 군주 소연(蕭衍)도 선견지명(先見之明)에 있어서는 서도복에 뒤지지 않는 사람이었다. 남조 송(宋)나라 말기 소연이 옹주(雍州, 지금의 하북성 양변)로 가서 군사를 통솔하게 되었다. 그는 부패하고 무능한 제나라에 반드시 대란이 일어날 것이라고 예견했다. 소연은 그때를 대비하여 암암리에 군사들을 조련하였다.

그는 사병들을 동원하여 대량의 원목과 대나무를 벌목하게 하고, 벌목한 나무들을 단계수(檀溪水)의 물밑에 숨겨 놓았다. 동시에 볏짚과 풀들을 사들여 태산처럼 쌓아 놓고 누구 하나 다치지 못하게 하였다. 그의 수하인 중병참군(中兵參軍) 여승진(呂僧珍)은 소연이 하는 양을 보고 그도 남몰래 선박에 쓸 노와 삿대를 몇 백 개나 만들어 놓았다.

마침내 제나라가 혼란에 빠지자 소연은 그 틈을 놓치지 않고 제나라로 군사를 휘몰아 갈 채비를 하였다. 먼저 단계수 물속에 감춰뒀던 원목과 대나무를 건져내고, 쌓아 놓은 풀과 볏짚을 허물어 눈 깜짝할 사이에 수많은 싸움배를 만들었다. 그런데 노와 삿대가 충분하지 않아 사병들 간에 이를 두고 다툼이 일었다. 이때 때마침 여승진(呂僧珍)이 자신이 미리 준비한 몇 백 개의 노와 삿대를 내놓았다. 이렇게 해서 소연의 군대는 어렵지 않게 수로(水路)를 이용해 제나라로 쳐들어갈 수 있었다.

회하(淮河) 남쪽에 자리 잡고 있는 우이(盱眙, 지금의 강소성 우이현)는 예로부터 병가(兵家)들이 서로 치열한 쟁탈전을 벌였던 군사 요충지이다. 남조 유씨 송나라 때 심박(瀋璞)이 이곳의 태수(太守)로 있었다. 그 역시 이곳의 지정학적 중요성을 잘 알고 있었다.

'일단 전쟁이 일어나면 적들은 이곳을 먼저 꼭 빼앗으려 들 것이다. 때문에 사전에 침략에 대한 대비를 단단히 갖추어야 한다.'

이렇게 생각한 심박은 성을 튼튼히 쌓고 호성하(護城河)를 깊이 파고 군량을 비축하였으며, 화살을 대량으로 제작하였다. 또한 돌을 성 위로 가득 운반해 놓는 것도 잊지 않았다.

과연 그의 예상은 빗나가지 않았다. 방어 준비가 거의 마무리되어 갈 무렵 북조(北朝)의 위(魏)나라 태무제(太武帝)가 남벌(南伐)을 시작했다. 태무제가 먼저 침공한 곳이 바로 우이였다.

쌍방은 이곳에서 치열한 공방전을 벌였지만 좀체 우열을 가리기가 힘들었다. 원정하여 남하한 위군(魏軍)은 한 달이 넘도록 우이성을 공격했지만 끝내 성을 함락시키지 못했다. 위군이 아무리

맹렬히 공격을 퍼부어도 이미 만반의 준비를 하고 있던 성을 떨어뜨리기란 애초부터 불가능한 일이었다. 결국 쓸모없이 힘만 낭비한 위군은 모든 장비들을 불사르고 후퇴하는 수밖에 없었다.

겉만 따라 배워서야 어찌 결과도 같으랴

세상일이란 복잡다단하고 시초의 원인도 서로 다르기 때문에 똑같은 방법으로 일 처리를 해서는 안 된다. 더욱이 전쟁에서는 이를 금기하여야 한다.

진문공(晉文公)이 조(曹)나라를 공격할 때 성을 공격하던 진군에 사상자가 많이 발생했다. 조군은 진군(晉軍)의 시체를 성벽에 나란히 진열해 놓았다. 진군의 간담을 서늘케 하여 그들의 투지를 와해시키려는 수단이었다. 이 방법은 과연 효과를 보았다. 진의 군사들은 이내 겁을 먹기 시작했고 그에 따라 날카롭던 예기도 날로 무뎌졌다. 이때 모사(謀士)들이 진문공(晉文公)에게 한 계책을 주었다.

"조나라 사람들의 선조 묘지 주변에 진을 친 후 묘를 다 파 버리겠다는 소문을 퍼뜨리면 적군의 사기가 뚝 떨어질 것입니다."

진문공은 모사들의 진언대로 군대를 물려 조나라 사람들의 선조 묘가 있는 곳에 주둔하였다. 조나라 군사들은 진군이 선조 묘를 파헤치지 않을까 두려워 마음이 흉흉해졌다. 진군은 그들의 사기가 저하되고 혼란스러운 틈을 타서 다시 반격을 시도하였다. 그 결과 진군은 쉽사리 조군의 방어를 무너뜨리고 성을 함락시킬 수 있었다.

연(燕)나라 장군 기겁(騎劫)이 제(齊)나라의 묵성(墨城)을 공격했다. 제(齊)나라의 장군 전단(田單)은 교묘한 반간계(反間計)를 썼다. 그 내용인즉 제군은 연군(燕軍)이 제나라 조상의 무덤을 파헤치는 것을 가장 우려한다는 소문을 퍼뜨린 것이다. 연군은 과연 이 꼬임에 빠져 군사를 물린 후 제나라 선조들의 무덤을 다 파헤쳤다. 뿐만 아니라 파헤친 시체를 몽땅 불태워 버렸다.

제나라의 장병들은 이 광경을 보고 모두 이를 부득부득 갈았다. 전단은 이때를 놓치지 않고 반격을 가했다. 원한에 사무쳐 눈이 뒤집힌 제나라의 장병들은 물불을 가리지 않고 연의 군사들을 베고 찔렀다. 적개심으로 가득 찬 제나라의 군사들은 모두가 용장과도 같았다. 결국 제군은 대승을 거두었고 조상의 무덤을 파헤친 원수도 갚을 수 있었다.

진나라와 연나라는 같은 계략을 썼지만 결과는 정반대였다. 이

것은 무슨 까닭인가? 진군은 조나라 사람들의 조상 무덤 옆에 진을 쳤을 뿐 정말로 무덤을 파헤치지는 않았다. 겉으로 봐서는 당장 무덤을 파 버릴 것 같아 조군의 군심이 흔들렸던 것이다. 이와 반대로 연군은 정말로 제나라 사람들의 조상 무덤을 파헤쳐, 그 결과 제군의 적개심을 북돋았고, 적개심에 불타는 제군의 전투력은 전에 없이 강화되어 결국 패하고 말았던 것이다.

상황에 따라 전술을 달리 하다

당희종(唐僖宗) 때 작안잠(雀安潛)이 사천(四川) 절도사로 내려갔다. 당시 사천 경내에는 비적들이 우글거렸다. 부임지에 도착한 작안잠은 비적을 직접 토벌할 생각을 하지 않았다.

"비적들을 보호하고 지켜 주는 사람이 없다면 비적들이 감히 창궐하지 못한다. 때문에 비적들을 구속해도 효과가 없는 것이다."

그렇다고 비적을 그냥 놔둘 수도 없는 일이었다. 재삼 숙고 끝에 작안잠은 기묘한 방책을 생각해 냈다. 그는 먼저 관청 금고에서 돈을 빼내어 번화한 네거리에 놓아두고 방문을 붙였다.

"비적을 신고하든가 잡아 오는 사람에게는 은전 500냥을 상으로 준다. 비적이 비적을 신고해도 똑같은 상금을 주는 동시에 무죄 석방한다."

이 방문을 내붙인 지 며칠 안 되어 한 사람이 비적 한 명을 포승에 묶어 관청을 찾았다. 비적은 눈을 부릅뜨며 불복했다.

"이 친구도 나와 같이 17년이나 비적 노릇을 했습니다. 장물도 똑같이 나눠 가졌습니다. 그런데 왜 이 친구가 나를 잡아 오는 겁니까?"

작안잠이 잡혀 온 비적에게 말했다.

"너는 내가 방문을 내린 것을 보지 못했느냐? 그러면 네가 먼저 저 사람을 잡아 왔으면 될 것이 아니더냐! 그러면 저 사람은 죽을 죄를 면치 못하고 너는 상금을 타게 되는 것이다. 그런데 지금 저 사람이 너를 잡아 왔으니 너는 죽을죄를 면치 못할 것이고 저 사람은 상금을 타게 될 것이다. 그 이치를 똑바로 알겠느냐?"

작안잠은 비적을 잡아 온 사람에게 약속대로 상금을 주고 무죄 석방을 선고하였다. 그리고 잡혀 온 비적을 네거리로 끌고 가 공개 사형에 처했다. 이 소문이 퍼지자 비적들은 서로 상대방을 의심하면서 절로 혼란에 빠졌다. 뿐만 아니라 과거 장물을 보아 주던 집에도 감히 가지를 못 했다. 비적들은 서로 앞서거니 뒤서거니 하며 사천 경내를 모두 떠나 버렸다. 그후부터는 누구도 감히 비적질에 나서지 못했다.

그 뒤 이공택(李公擇)이 제주(齊州, 지금의 산동성 제남시)를 관리할 때는 작안잠의 방법과 달리 비적을 엄격히 단속하고 무정하게 처벌하였다. 그런데도 제주 지역의 비적은 날이 갈수록 많아졌다. 그는 엄단에 엄단을 가해도 비적 무리가 더 늘어나는 원인을 알지 못했다. 그러던 중 한 비적 우두머리를 체포하였다. 이때 이공택은 그를 처단하지 않고 신변에 두고 사소한 심부름을 하는 수하로 삼았다. 며칠이 지난 뒤 이공택이 비적에게 물었다.

"이봐, 나는 비적들이 일을 벌이면 벌이는 대로 잡아들였는데 왜 그 무리가 오히려 늘어나는지 잘 모르겠네. 자네는 그 내막을 잘 알 것이니 속에 있는 말을 좀 해 주게!"

비적은 이공택이 자기를 등용하려는 의향이 있다고 판단해 사실대로 말했다. 알고 보니 돈 있는 부잣집에서 비적들을 보호한다는 것이었다. 부자들은 비적 두목들을 시켜 암암리에 순번을 짜 놓았다가 관청에 발각되면 그중 제일 쓸모가 없는 비적 한두 명이 잡히도록 했다는 것이다. 그러니까 많은 비적들이 안전하게 살 수 있었고 비적질을 해도 안전하다는 것이 전해지면 또 가담하는 사람이 새로 생겨난다는 것이었다.

이공택은 그제야 단순히 엄단만 해서는 비적이 소탕되지 않는 이유를 알게 되었다. 이공택은 비적을 은닉시켜 준 사람을 엄격히 처벌하며 모든 재산을 몰수하고 집을 봉한다는 방문(榜文)을 도처에 붙였다. 이후부터는 비적들이 몸을 숨길 곳이 없게 되었고 보호자도 없어졌다. 제주 경내는 그때부터 안정되었다.

　위의 두 가지 사실을 통해 지방장이 본지방을 관리할 때 현실에 맞는 방책을 취해야 한다는 사실을 알 수 있다. 작안잠의 방법이 좋긴 하나 제주의 경우 비적들을 신고하면 면죄한다는 허점을 이용하여 오히려 비적을 보호하는 수단으로 삼았다. 따라서 모든 일에는 상황에 따른 대처가 필요하다 하겠다.

명장은 지세와 기후까지 살핀다

군대가 행군을 하거나 전투를 할 때 군지휘관은 사전에 천문지리의 변화를 잘 파악해야 한다. 그렇지 않으면 적군과 교전하기도 전에 갑작스런 자연재해에 큰 변을 당하기 일쑤다. 아래 두 가지 대표적인 예를 들어 이 점을 설명하기로 한다.

당(唐)나라 때의 일이다. 정양(定襄)에서 도대총관(道大總管)으로 있던 배행검(裴行儉)이 어명을 받고 돌궐(突厥)을 토벌하게 되었다. 수일간 행군을 강행한 당군(唐軍)이 돌궐 왕정(王庭) 북쪽에 진을 치고 주둔하게 되었다. 적군의 기습을 막기 위해 병영 주변에 깊은 참호를 파 놓는 것도 잊지 않았다.

배행검은 주둔 상황을 한 바퀴 순시하고 나서 평소 습관대로 하늘의 천문을 관측했다. 잠시 생각에 잠겼던 배행검이 과감한 결단을 내리었다. 즉시 병영을 높은 둔덕으로 옮겨 다시 설치하라는 명령이었다. 수하의 장수들이 난처해하며 머뭇거렸다.

"사병들은 모두 잠이 들었습니다. 다시 깨우기도 그렇고……."

배행검이 큰 소리로 질타하면서 말했다.

"당장 내 명령대로 시행하지 못할까! 누구든 내 명을 거스르는 자가 있으면 군법에 따라 즉시 그 목을 베겠다!"

고개가 쑥 들어간 수하 장수들은 한 마디 변명도 못하고 그의 명령에 따라 병영을 근처의 높은 둔덕으로 옮겼다. 한밤중이 되자 난데없이 먹구름이 까맣게 모여들더니 천둥과 번개가 치고 장대비가 억수같이 쏟아지기 시작했다. 불과 몇 시간 만에 원래 진을 쳤던 곳이 십여 자나 되는 깊은 물속에 몽땅 잠겨 버렸다.

이튿날 날이 밝아 이 광경을 본 장수들은 그만 입을 딱 벌리고 말았다. 그제야 모두들 배행검의 과단성 있는 결정에 탄복하였다. 수하 장교들이 배행검에게 밤중에 큰 소나기가 내릴 줄 어떻게 알았느냐고 묻자, 배행검은 빙그레 웃으며 시치미만 떼었다.

"앞으로 그저 내 지휘만 따르면 된다. 내가 어떻게 소나기가 올 줄 알았는가는 너희가 알 바가 아니다!"

전국(戰國)시대에도 이와 비슷한 일이 있었다. 제(齊)·한(韓)·위(魏) 삼국 연합군이 연(燕)을 칠 때였다. 연나라는 급히 사신을 초나라에 보내 지원병을 요청했다. 초왕(楚王)은 대장군 경양(景陽)을 연나라 후원군 총지휘관으로 임명했다. 하루 동안 행군을 한 초군은 해질 무렵 주둔지를 선택하고 그곳에 병영을 설치했다. 초군의 높은 깃발이 밤바람에 펄럭였다. 수하 보좌관들이 경양에게 병영 설치가 모두 완료되었으니 설치 상황을 마지막으로 점검하도록 재촉했다. 경양은 병영을 한 바퀴 순찰한 뒤 수하 보좌관들에게 성을 내었다.

"다들 정신이 나간 게 아닌가? 이곳은 큰 비라도 오면 금세 물에 잠길 지세가 아닌가? 비가 와서 저 군기가 다 물에 잠겨야 정신을 차리겠는가! 당장 근처 둔덕으로 군영을 옮기도록 하라!"

밤새껏 분주히 군영을 둔덕으로 옮긴 이튿날 과연 소나기가 대얏물을 퍼붓듯 쏟아졌다. 산골에서 홍수가 터져 본래 군영이 자리 잡았던 곳은 순식간에 물바다 속에 잠겨 버리고 말았다. 경양의 장교들은 그의 선견지명에 탄복하지 않을 수 없었다.

책략 하나로 천하를 다스리다

훌륭한 신하가 현명한 군주를 만나 국정 대사를 논의하고 천하의 국면을 이야기할 때면, 언제나 치국을 위한 책략이나 난을 평정할 방안을 말하게 된다. 그럴 때 보통 이런 신하들은 기본적으로 자신의 구상을 보여 주고 구체적인 방법과 조치를 책정하게 마련이다. 이들은 한평생 그 목표를 향해 전력투구하며, 자신의 군주를 위해 충성을 다한다. 그리하여 이들은 일반적으로 국가를 부흥시키는 데 혁혁한 공을 쌓고 그 이름이 역사에 길이 남아 후세 사람들에게 좋은 교훈이 되고 있다. 소동파(蘇東坡)도 범중엄(范仲俺)의 문집(文集)에 쓴 머리말에서 위와 비슷한 논지를 편 바가 있다.

이윤(伊尹)이 유신(有莘)에서 농사를 짓고 독서를 하며 은둔하여 지낼 때 탕(湯)왕이 세 번이나 그를 불렀다. 이윤은 계속 거절을 했지만 결국 세 번째의 부름을 받고서는 그의 청을 듣지 않을 수가 없었다. 그리하여 이윤은 탕왕을 도와 걸(桀)을 토벌하는 데 성공하였다. 그후에 그는 탕왕을 도와 일련의 치국 정책을 결정하여 탕임금도 요순 임금과 같은 성스러운 군주가 되도록 만들었으며 백성들은 요순시절 때와 같이 마음 편히 살 수 있었다.

얼마 후 이윤은 탕왕을 도와 또 하(夏)를 토벌하는 데 성공하였고, 이를 토대로 탕왕은 후세의 요순이라 불리게 되었다.

부설(傳說)은 부암(傅岩)에 은둔해 있으면서 돌아가는 세상사를 한눈에 담아 보았다. 상고종(商高宗) 무정(武丁)은 현인이 초야에 묻혀 있다는 말을 듣고 부암으로 찾아가 그를 방문하였다. 무정은 부설을 승상으로 임명하였다. 부설은 그때 세 가지 치국 책략을 내놓았고, 시종 그 책략에 따라 고종을 보필하여 천하를 다스렸다. 고종은 부설의 보좌를 받아 귀방(鬼方)을 토벌하였고, 형초(荊楚)를 정복하였다. 부설의 공훈은 중천에 높이 뜬 해와 달처럼 눈부시게 온 세상을 비추었다. 상(商)국은 이로써 강국이 되었으며, 경제도 발전할 수 있었다. 그러나 상조(商朝)의 다른 군왕들은 고종과 같은 태평성세를 이루지 못하였다.

관중(管仲)이 제환공(齊桓公)을 보필하여 대업을 이루었고, 상앙이 진(秦)나라에서 변법을 실시하여 강국으로 부상토록 하였다. 그럼에도 유림(儒林)의 유학자들은 이들 이야기만 나오면 고개를 절레절레 흔들며 이들을 폄하(貶下)하고 부정했다. 그러나 관중과 상앙이 실시한 정책과 변법을 보면 역시 이들은 시종일관 초지를 굽히지 않고 천하를 다스리고자 했는데, 이는 바로 처음 책정한 책략을 끝까지 시행하려 했기 때문이다.

한신(韓信)은 한고조(漢高祖)에게 천하의 용감한 장군들을 대량으로 받아들여 공신들에게는 성읍을 떼어 주고 의병(義兵)을 발동시켜 초군(楚軍)과 대결해야만 삼진(三秦) 지역을 평정할 수 있다는 대담한 계책을 내놓았다. 한고조 유방(劉邦)은 한신이 진언한 계책을 받아들였다. 한신은 먼저 위(魏)나라를 멸망시킨 뒤 승승장구하면서 북쪽의 연(燕)과 조(趙)를 휩쓸었고, 이어 동쪽의 진(晉)을 점령하였다. 그런 다음 남쪽에서는 초군의 군량 수송로를 차단한 후 서쪽의 한고조와 연합하여 마침내 초왕 항우(項羽)를 멸망시켰던 것이다. 이 모든 것은 한신이 유방을 처음 만났을 때 유방에게 제시했던 책략대로였다. 한신은 시종일관 자신이 설계한 구상에 따라 구체적인 계책과 방법을 시행했던 것이다.

신야(新野)의 산속에 은둔하면서 하산의 기회를 엿보고 있던 등우(鄧禹)가 하북(河北)에서 광무제(光武帝)를 만나게 되었다. 그때 등우는 한눈에 경시제(更始帝) 유현(劉玄)의 무능함을 알아보았다. 등우는 광무제에게 천하의 영웅들을 받아들이고 민심의 흐름에 따라 국가 방침을 책정해야 하며, 지금 도탄에서 허덕이고 있는 만민 백성들을 구제해 주어야 고조의 패업을 부흥시킬 수 있다는 등의 계략을 진언하였다. 광무제는 등우의 제언을 받아들여 그의 뜻에 따라 나라를 부흥시킬 정책 방침을 정하였다. 등우는 광무제를 보필하여 마침내 대업을 성취하였다.

경감(耿弇, 또한 광무제를 보좌하여 왕랑(王郎)을 토벌하였고, 팽총(彭寵)을 평정하였다. 그리고 장풍(張豊)을 탈취하였고, 부평(富平)과 획색(獲索)을 탈환하였다. 경감은 군사들의 사기가 고양될 대로 고양된 유리한 기회를 이용하여 파죽지세로 동쪽의 장보(張步)를 공격하였고 제나라를 평정하였다. 경감이 새로운 토벌 계획을 세울 때마다 광무제는 그것이 가능할까 의심스럽고 근심되었지만 국면은 언제나 경감이 계획했던 대로 이루어졌다.

유비(劉備)가 세 번째로 제갈량(諸葛亮)을 만나러 가서야 그들의 첫 대면이 이루어졌다. 이때 제갈량은 유비와 천하 형세를 담론하면서 천시(天時)·지리(地利)·인화(人和) 등 각가지 요소를 분석했고, 그 바탕 위에서 역사 발전의 필연적인 결과를 도출하였다. 그

76

뒤 제갈량은 유비의 부름에 따라 출사하여 유비를 보필해 서촉을 세웠다. 역사의 발전과 그 변화는 기본적으로 제갈량이 유비를 처음 만났을 때 피력한 견해와 맞았다. 세인들은 제갈량을 초가집에서 세상을 삼등분한 명석한 인재라 칭송했다. 그가 통일 대업을 이루지 못하고 이 세상을 떠난 것은 아마도 하늘의 뜻이리라.

방현령(房玄齡)은 패업의 책략을 들고 당태종을 찾았다. 그는 당태종을 보좌하여 천하의 인재들을 끌어들였고, 뭇 신하와 장군들과 면밀히 협력하여 마침내 대당기업(大唐基業)을 닦았던 것이다. 방현령은 재상이 된 후 국가의 법규를 일신하여 시대 발전에 부응하는 새로운 당나라 법규를 제정하였다. 그때 방현령이 제정한 법규는 몇 백 년이 지난 지금에도 큰 영향력을 발휘하고 있다.

왕박(王朴)은 주세종(周世宗) 시영(柴榮)을 보필하였다. 5대10국(五代十國)시대 각지에서 군벌이 난립하여 천하가 혼란에 빠져 있었을 때 왕박은 '평변책(平邊策)'을 세종에게 진언하였다. '평변책'의 주요 내용은 아래와 같다.

"당(唐)이 오촉(吳蜀)을 잃었고 진(晉)이 유(幽)를 상실하였사옵니다. 이러한 사실을 통해 우리는 주변국을 평정하는 방법을 도출

할 수 있사옵니다. 지금의 형세를 볼 때 먼저 오(吳)나라 일대를 탈취하여야 하옵니다. 이는 오나라 일대가 비교적 쉽사리 탈취할 수 있는 지역이기 때문이며, 그곳을 탈취하게 되면 몇 천 리나 되는 넓은 땅이 우리의 수중에 들어올 것이기 때문입니다.

아군은 적군이 숨 돌릴 사이를 주지 말고 강북(江北)을 석권하여 강북의 모든 주군(州郡)을 장악해야 하옵니다. 일단 강북을 차지하면 강남(江南)을 평정하는 일은 별로 어려운 일이 아니옵니다. 오나라 일대를 점령하면 계(桂)·광(廣)도 자연히 주국(周國)의 신하로 들어오게 되옵니다. 그리고 촉(蜀)·민(岷) 등의 지방은 성지 한 장이면 그들을 귀순시킬 수 있사옵니다. 가령 민·촉이 귀순하지 않으면 아군은 사면팔방으로부터 촉을 포위하여 일거에 멸망시킬 수 있사옵니다. 오·촉이 평정되면 유는 자연히 투항하게 되옵니다. 다만 병주(幷州)만은 결사적으로 피 흘리며 대결해야 탈환할 수 있사옵니다."

주세종(周世宗)은 왕박의 '평변책'을 채택하여 그의 책략에 따라 주변국을 하나둘 평정해 나갔다. 그러나 애석하게도 대업을 이루지 못한 채 세종이 먼저 죽고 말았다.

송조(宋朝)를 보더라도 태조 조광윤(趙匡胤)이 주변 각국을 평정할 때 그 순서는 기본상 왕박이 '평변책'에서 제시한 책략 그대로였다. 다만 유주(幽州) 전투는 대군이 유주성을 꽁꽁 에워쌌지만 성공하지 못하였다.

고금 역사의 영웅들의 큰 지혜와 용기는 그야말로 사람들의 감탄을 자아낸다.

한마디 말로 두 귀가 번쩍 트이게 하다

춘추전국(春秋戰國)시대의 일이다. 연(燕)나라 사람 진취(陳翠)가 연나라와 제(齊)나라의 연맹을 추진하였다. 당시의 규정에 따르면 두 나라가 연맹을 맺을 시 각각 상대국에 사람을 보내어 볼모로 삼게 해야 했다. 진취는 연왕(燕王)의 동생을 제나라에 보내어 인질로 삼을 생각이었다. 그런데 연왕의 모친이 이를 알고 노발대발하였다.

"진취란 사람이 도대체 어떤 작자인가! 치국묘책이 없으면 아예 썩 물러나기나 할 것이지, 우리 모자간을 갈라놓겠다니 이게 무슨 말이나 되는 소리인가, 그런 말은 꺼내지도 말게!"

진취는 태후가 대노하여 자기에게 욕설을 퍼부었다는 소식을 듣고는 태후를 알현할 것을 요구했다. 태후가 이 일을 알고 마침 잘되었다고 생각하고 그가 오기를 기다렸다.

"안 그래도 내가 불러 혼쭐을 내주려고 했더니 마침 잘됐군. 이

제 제 발로 걸어오다니 빨리 들여보내도록 하라!"

진취가 태후의 방으로 들어섰지만 태후는 노여움이 아직 풀리지 않아 그를 냉랭하게 맞이했다.

"듣자니 당신이 나의 아들을 제나라의 인질로 보내려고 했다는데, 그게 정말인가?"

진취가 대답하였다.

"태후마마께 아뢰옵니다. 제가 그 일을 상정하였사옵니다."

너무나도 떳떳한 진취의 대답을 들은 태후가 먹따는 소리를 질렀다.

"그런 망발은 하지도 말게! 어림도 없는 일일세!"

태후가 도무지 성을 참지 못하자 진취가 태후 앞으로 한발 더 가까이 다가가 깊은 절을 올린 다음 침착하게 말했다.

"태후마마께서는 노여움을 푸시옵소서. 저의 말을 소상히 듣고 다시 생각해 보시옵소서. 태후마마의 자식 사랑은 평민 백성보다 못하옵니다. 태후마마는 딸도 사랑하지 않을 뿐더러 아들까지 사랑하지 않사옵니다."

이 말을 들은 태후가 이맛살을 찌푸리며 발끈했다.

"어디서 그런 망령된 말을 하느냐!"

진취는 잠시 침묵으로 일관하다가 다시 말을 이어갔다.

"태후마마께서는 공주를 제후(諸侯)에게 시집보낼 때 천금이나 되는 지참금을 주었사옵니다. 지금 대왕께서는 공자에게 마땅한 관직을 맡기고 싶어 하옵니다. 그런데 귀공자가 아무런 공로도 없고 업적도 없다고 하여 신하들이 반대하고 있사옵니다. 이럴 때 공자를 인질로 보내면 공을 세울 수 있는 좋은 기회가 되옵니다. 그런데 태후마마께서 이를 동의하지 않으시니 이것은 아들을 사랑하지 않는 것이 아니고 무엇이겠사옵니까?

태후마마와 대왕께서는 아직 건재하시기에 공자도 그 은덕을 볼 수 있사옵니다. 결례이옵니다만 가령 태후와 대왕이 안 계신다면 태자가 왕위를 계승하게 될 것이옵니다. 그때 가면 공자는 평민이나 다름없이 비천한 처지에 빠지게 될 것이 아니옵니까? 지금 태후마마께서 건재해 계실 때 공자가 관직을 봉해 받아야 하옵니다. 이 기회를 놓치면 아마 앞으로 한평생 관직을 봉해 받지 못할 것이옵니다."

이 말을 듣고 난 태후는 두 귀가 번쩍 트였다.

"아뿔싸. 내가 큰일을 저지를 뻔했구려. 내가 내궁에만 있다 보니 눈앞의 일만 보았지 앞날까지는 생각 못했네. 역시 애경이야말로 먼 안목이 있는 사람이구려."

태후는 공자가 제나라의 인질로 가는 것에 동의했고 그 즉시 행장을 꾸리도록 수하에게 지령을 내렸다.

　이 일은 조(趙)나라의 촉룡(觸龍)이 조태후(趙太后)를 설득시킨 사실과 비슷하다. 그런데 어찌 된 일인지 이 일은《사기(史記)》에도 기재하지 않았고《자치통감(資治通鑑)》에도 기재하지 않았다.

귀감을 세워 신뢰를 얻다

전국(戰國)시대 상앙이 진(秦)나라의 변법(變法)을 준비하고 있었다. 상앙의 가장 큰 근심은 백성들이 새 변법에 따르지 않는 일이었다. 그래서 상앙은 묘한 방법 하나를 생각했다.

상앙은 사병들에게 명령하여 성문 앞에 석 장(丈)이나 되는 긴 나무 기둥을 세우게 하였다. 그리고 곳곳에 '성문 앞의 이 나무 기둥을 옮겨 가는 사람에게 돈 50냥을 준다'라는 고시를 붙이게 했다. 고시를 본 백성들의 의견은 분분하였다.

"그게 정말일까?"

"보나마나 우리를 어르려고 하는 짓일 거야!"

이때 건장한 한 젊은이가 굵은 목소리로 말했다.

"여러분, 제가 이 나무 기둥을 옮겨 갈 것이니 여러분들이 보시고 증명을 잘 해 주시오. 그때 관청에서 저에게 상금을 정말로 준다면 관가의 신뢰가 설 것입니다. 그러면 우리 백성들은 관청의 말을 잘 들어줍시다. 그러나 만약 약속대로 상금을 주지 않는다면 그것은 관청에서 백성들에게 농간을 부리는 것입니다. 그때에는 관청에서 아무리 좋은 말을 해도 들어주지 말도록 합시다!"

말을 마친 그 젊은이는 대문 앞에 세운 나무 기둥을 뽑아 옆으로 옮겼다. 사병이 쏜살같이 달려가 상앙에게 이 일을 보고하였다. 상앙은 기분이 좋은 듯 그 즉시 그 젊은이에게 돈 50냥을 상으로 주라고 명령하였다. 그 젊은이는 정말로 상금 50냥을 받자 기뻐서 껄껄 웃었다. 그러고는 상금을 사람들에게 내보이며 자랑하였다.

"보아하니 관가가 정말 신용을 지키는군요!"

발 없는 말이 천리를 간다고 이 사실은 진나라 전국에 퍼졌다. 상앙은 그제야 변법을 시행해도 되겠다는 결단을 내릴 수 있었다.

사실 상앙에 앞서 이런 방법으로 민심을 모은 사례가 있었다. 오기(吳起)가 위(魏)나라의 서하(西河, 지금의 섬서성 대려현)에서 지방 장관으로 있었을 때다. 어떻게 하면 민심을 살 수 있을까 궁리하던 끝에 묘책이 떠올랐다. 오기는 사병을 시켜 성문 밖에 표지등을 건 나무 기둥을 세우게 했다.

"누구든지 표지등을 건 이 나무 기둥을 맨손으로 뽑는 자는 장대부(長大夫)로 임명할 것이다."

오기는 성안 곳곳에 이런 방을 붙였다. 그러자 백성들이 여기저기서 쑥덕거리며 의논하였다.

"세상에 어디 이런 공짜가 다 있을까! 이는 분명히 백성들을 조롱하려는 의도에서 하는 짓일 거야!"

이때 한 젊은이가 둘러선 사람들 속에서 불쑥 앞으로 나섰다.

"여기서 쓸데없는 공론만 하지 말고 정말이든 거짓말이든 내가 가서 그 나무 기둥을 뽑아 버릴 테니 두고 보십시오. 상을 못 받으면 그만이고, 받으면 좋으니 밑져야 본전 아니겠습니까?"

그 젊은이는 그길로 성문께로 가서 표지등이 걸린 나무 기둥을 맨손으로 뽑아 버렸다. 젊은이는 무슨 대단한 일이나 한 것처럼 기분이 좋아 오기를 찾아갔다. 그는 관청 대문 밖에서 '성문 밖의 표지등이 달린 나무 기둥을 뽑은 사람이 왔노라'고 소리를 쳤다. 오기는 사실 여부를 조사한 후 정말 약속한 대로 그 젊은이를 장대부로 임명하였다. 이 일이 있은 후부터 서하의 백성들은 상벌이 분명한 오기를 전적으로 신뢰하기 시작했다.

상앙은 원래 위(魏)나라 사람이다. 훗날 진(秦)나라에서 나무 기둥을 세운 계책은 아마 오기(吳起)를 본 딴 것이 아닌가 생각된다. 그런데 제일 먼저 이 방법을 생각해 낸 오기에 대해서는 전해지지 않고 있기에, 여기에 오기의 이야기를 밝히는 것이다.

마음을 움직이는 설득의 기술

한비자(韓非子)는 한평생 심혈을 기울여 《설난(說難)》이라는 저작을 완성하였다. 그는 이 책으로 유명해졌고 후세에까지 널리 이름이 알려졌다. 그런데 그는 한 마디 진언 때문에 재난을 당했다. 고금으로부터 지금까지 군주에게 진언·간언·상주하는 일에는 조심을 해야 하건만, 자칫 잘못하다가는 목이 날아가는 재앙이 떨어지게 마련인 것이다.

　그런데 통념을 깨는 군주들이 있다. 그들은 상대방의 의중을 다 알고 있어 처음엔 그다지 관심을 두지 않은 듯하다. 그러나 진언하는 말을 다 듣고 난 뒤에는 완전히 그의 진언을 받아들인다. 물론 그 진언이 합당하여 자신의 마음이 움직였을 때에 한에서지만.

　진(秦)나라와 진(晉)나라가 한원(韓原)에서 결전을 벌였다. 진(晉)나라의 대왕 혜공(惠公)은 진(秦)의 포로가 되었다. 진(秦)에서

는 진(晉)나라로 하여금 사람을 보내와 강화를 맺은 다음 진혜공
(晉惠公)을 데려가게 했다. 그러자 진(晉)나라에서는 여생(呂甥)을
보내 진혜공을 데려오게 했다. 진(晉)에 도착한 여생은 진목공(秦穆
公)을 만났다. 진목공이 여생에게 물었다.

"진(晉)나라는 진심으로 강화하기를 바라는가?"

여생이 답했다.

"아닙니다. 진(晉)은 진(秦)과 강화하지 않을 것입니다. 무식한
사람들은 군주를 잃는 것을 수치로 생각하고 있습니다. 그들은 병
기를 제조하고 군사력을 장악하고 있습니다. 그들은 혜공(惠公)의
아들을 왕위에 옹립한 뒤 군주를 잃은 치욕을 씻으려고 단단히 벼
르고 있습니다. 그러나 유식한 사람들은 다릅니다. 이들은 자신의
군주를 사랑합니다. 이들은 신하로서의 잘못을 뉘우치고 있습니
다. 또한 혜공을 맞아들일 준비가 되어 있습니다. 그리고 진(秦)나
라의 대해(大海)보다도 더 깊은 은덕에 보답할 준비도 되어 있습니
다."

진목공(秦穆公)이 다시 물었다.

"당신네 국가에서는 군주 혜공이 여기에 감금되어 있는 일을 어
떻게 생각하고 있는가?"

여생이 대답했다.

"무식한 사람들은 이제 혜공은 살아오지 못할 것이라고 생각하고 있습니다. 그러나 유식한 사람들의 생각은 그와 다릅니다. 혜공이 꼭 살아 돌아와 다시 등극할 것이라고 믿고 있습니다. 때문에 진(秦)나라는 꼭 혜공을 되돌려보내 주리라 생각합니다. 그리하여 승복하는 나라는 진(秦)나라의 망극한 은덕에 감동할 것이고, 승복하지 않는 나라는 진(秦)나라의 위엄을 두려워할 것인데, 이것이 정도(正道)입니다. 그때라야 진(秦)나라의 패업이 성취될 것입니다."

진목공이 바라는 것도 당연히 진(晉)나라에서 원한을 은덕으로 생각하는 것이었다. 진목공은 그 즉시 진혜왕을 풀어 주었다. 여생은 지혜롭고 슬기로운 답변으로 나라의 국위도 지켰고 또 소기의 목적도 달성하였다.

진(秦)이 조(趙)를 침공하였다. 진(秦)의 군사를 당할 능력이 없는 조(趙)나라가 제(齊)나라에 지원군을 보내 줄 것을 간청했다. 제(齊)나라에서는 장안군(長安君)을 볼모로 보내면 군사를 파견하여 후원해 주겠다고 대답했다. 그러자 조태후(趙太后)가 자기 아들을 절대 인질로 보낼 수 없다고 딱 잡아뗐다. 대신들은 국가의 안위요, 종묘사직의 존망이요 하는 도리를 들먹이면서 조태후를 설득했지만, 조태후는 끝내 동의하지 않았다.

이때 좌사(左師) 촉룡(觸龍)이 조태후를 설득시키는 일에 나섰다. 그는 조태후가 싫어하는 말을 피해 조심스럽게 장안군 본인의 이해득실과 조나라 조정(朝廷)의 대의명분 등을 이야기하여 조태후의 동의를 받아 냈다. 그렇게 하여 결국 제(齊)나라의 출병을 이끌어 냈고, 조(趙)나라는 진군(秦軍)의 침공을 물리칠 수 있었다.

위(魏)나라 사람 범수가 진(秦)나라의 재상이 되어 진(秦)나라를 강대한 나라로 만드는 데에 커다란 공헌을 하였다. 훗날 소양왕(昭襄王)이 범수를 멀리하여 군신(君臣)이 서로 의심하는 국면을 초래하였다. 한편 연(燕)나라의 언변가 채택(蔡澤)이 진(秦)나라로 넘어온 후 자기의 언변이 얼마나 좋은지 소문을 냈다. 진왕(秦王)을 만나기만 하면 한 치 혀로 그를 설득시켜 자신이 범수를 대신해 승상이 될 수 있다는 것이 그 소문의 전말이었다. 소문은 발 없는 말을 타고 전국에 쫙 퍼졌다. 채택은 이런 방식으로 범수를 격노시켰다.

채택의 일을 전해 들은 범수는 정말로 격분했다.

"나는 지금의 백가(百家)들 학설을 다 통달하고 있어서 아무리 언변이 좋다는 사람들도 다 내 앞에서 무릎을 꿇었다. 채택이 구변이 좋으면 얼마나 좋기에 내 자리를 빼앗아 간다는 것이냐!"

이렇게 생각한 범수가 사람을 보내 채택을 불러오게 하였다.

"듣건대 당신이 감히 이 범수의 승상 자리를 뺏겠다는데, 그 말이 정말인가?"

채택이 정색을 하며 대답했다.

"정말이라면 어찌하시렵니까?"

범수가 재차 물었다.

"당신 같은 사람이 재간이 있으면 얼마나 있기에, 그래 이 사람의 자리를 욕심내는 것인가?"

이에 채택이 일장 연설을 늘어놓았다. 진효공(秦孝公) 때의 상앙 변법으로부터 시작하여 초도왕(楚悼王) 때의 오기(吳起), 월왕(越王) 구천(勾踐) 때의 문종(文種) 등 3인의 충성심과 이들이 피살된 이야기를 장황하게 열거하면서 지금 범수가 처하고 있는 형세와 비교·분석하였다. 그 뜻인즉 격류에서 제때에 물러나야 한다는 것이었다.

범수는 채택이 자신을 설득하려고 장황한 궤변을 늘어놓고 있음을 알고 있었다. 그런데도 범수는 억지 변명을 하였다.

"이들 세 사람은 모두 국가를 위하여 대공을 세웠고 큰일을 하였소. 비록 그들이 나중에 피살되긴 했지만 후세 사람들은 그들의 공적을 다 알고 있소이다. 가령 내가 그런 처지에 빠지게 되면 살신

성인(殺身成仁)하여 후세에 빛나는 이름을 남기게 될 것이니, 그 또한 바람직한 일이 아니겠소."

채택이 보아하니 범수가 이미 자기의 말귀를 알아들은 것 같았다. 채택이 다시 굉천과 주공(周公) 두 사람이 슬기롭게 위험을 피한 일을 높이 칭송하였다. 이어 범수에게 말했다.

"지금 진왕(秦王)은 공신들에게 성은을 베풀지 않고 있습니다. 또한 승상대감은 상앙·오기·문종처럼 중천에 떠 있는 일월 같은 혁혁한 대공을 세우지도 못하였습니다. 비록 지금 한때 승상대감의 공명이 세상을 뒤덮고 있다 할지라도 조만간 사람들의 미움을 사게 될 것입니다. 적당할 때에 물러나지 않으면 앞으로의 엄청난 재앙을 모면하지 못할 것입니다."

조리 있는 채택의 설교는 마침내 범수를 설득시키고야 말았다. 범수는 채택의 말에 탄복해 마지않으면서 원래 품었던 앙금을 한시에 풀어 버렸다. 범수는 채택을 좌상객으로 받들었다. 그리고 훗날 채택을 승상으로 천거하였다.

진시황은 모친과의 갈등이 끊이지 않았다. 성이 난 진시황은 끝내 모친을 추방하려는 마음을 먹게 되었다. 그리고 결국 어명을 내렸다.

"앞으로 누구든 내 앞에서 태후를 변호하는 사람이 있으면 그 즉시 참수할 것이다!"

진시황은 정말로 태후를 변호하던 대신 스물일곱 명을 참수하였다. 제(齊)나라 사람 모초(茅焦)가 진시황을 알현하겠다는 뜻을 품고 아뢰었다. 진시황은 그도 태후를 도와 좋은 말을 하려고 자기를 만나러 온 것이라 판단했다.

진시황이 좌우에 펄펄 끓는 기름 가마를 준비하게 하였다. 그리고 태후에 대한 이야기로 입을 떼기만 하면 그를 당장 기름 가마에 던져 버릴 작정이었다.

궁궐에 들어선 모초는 금세 기름 가마가 끓고 있음을 알아챘고 그것이 무엇을 뜻하는지도 잘 알았다. 모초는 하걸왕(夏桀王)과 은주왕(殷紂王)의 포악함과 혹독함을 내리 엮어서 말하며 변죽을 울렸다. 모초의 말이 채 끝나기도 전에 진시황은 그의 뜻을 알아채고 자신의 잘못을 뉘우쳤다. 진시황은 일전에 내렸던 어명을 취소하고 태후에게 사죄한 뒤 다시 사이좋게 지냈다.

여생은 비굴하거나 줏대 없이 놀지 않고 대의를 피력하여 상대방을 설득했고 촉룡(觸龍)은 교묘하게 인애지심(仁愛之心)을 발휘하여 상대방을 설득했다. 모초의 방법은 호랑이 굴속에 들어가서 이빨을 뽑는 것만큼이나 위험천만한 일이었다. 그러나 그들은 상대의 마음을 움직일 만한 설득력으로 자신의 목숨을 지켰을 뿐만 아니라, 국가의 대의를 위한 일도 빈틈없이 처리할 수 있었다.

아부하는 줄을 알면서도 상을 내리다

서한(西漢)시대 공축이 발해(渤海, 지금의 하북성 창주 동남) 태수로 부임한 지 몇 년이 되었다. 그런데 뜻밖에도 조정으로부터 소환 명령이 떨어졌다. 황제가 직접 그를 만나 준다는 소식이었다.

공축이 떠날 즈음 그의 부하 속리(屬吏)인 왕생(王生)이 그를 모시고 함께 상경하고 싶다는 의사를 내비쳤다. 하지만 왕생이란 사람은 평소에 술을 탐내어 언제나 술에 취해 있는 작자였기에 공축은 마음속으로 못내 꺼렸다. 그러나 차마 거절할 수가 없어 같이 동반하기를 허락하였다. 상경한 왕생은 매일 주막에 처박혀 공축의 일을 거들떠보지도 않았다. 며칠 동안 보이지도 않던 왕생은 공축이 황제를 알현하러 막 떠나려 하자 공축 앞에 불쑥 나타났다. 아니나 다를까 그는 이미 거나하게 취한 상태였다.

"이보시오. 태수 대감. 좀 기다려 주십시오. 제가 긴히 드릴 말씀이 있습니다."

"지금 갈 길이 급하니 하고 싶은 말이 있으면 어서 하게."

왕생이 말했다.

"천자(天子)께서는 태수 대감께 발해(勃海)를 어떻게 관리하였는가 하고 물을 것입니다. 그때 절대로 무슨 조치요, 무슨 법규요 하는 따위를 말하면 안 됩니다. 그저 그 모든 것은 폐하의 성은이 망극한 덕분이며 모든 공로는 성스러우신 폐하의 몫이라고만 말하십시오. 그리고 이들 모든 것을 행하는 데는 소신의 능력이 미약하므로 죽을죄를 지었다고만 여쭈십시오."

공축은 그렇게 말하겠노라고 대답했다. 아닌 게 아니라 공축의 절을 받은 한선제(漢宣帝)는 발해군을 어떻게 관리해 왔느냐고 물었다. 공축은 황제에게 왕생이 시킨 그대로 여쭈었다. 공축의 대답을 들은 한선제가 흐뭇해하였다.

"아주 겸손하구만. 그런데 어디서 이같이 겸손하고 조심스럽게 말하는 법을 배웠나?"

공축이 무심결에 이실직고하였다.

"황송하옵니다. 사실은 제가 거느린 사람한테서 이 말을 배웠사옵니다."

공축의 겸손함과 성실함을 어여삐 여긴 한선제는 믿을 만한 인재라며 공축과 왕생에게 후한 상을 내리었다. 공축을 승상(丞相)으로 임명했고 왕생을 수형도위(水衡都尉)로 임명하였다.

내가 보건대 한선제는 공축이 발해군을 잘 관리해서 그에게 상을 준 것이 아니다. 그가 교묘하게 아부하였기에 그를 발탁시킨 것이다.

한무제(漢武帝)가 북해(北海, 지금의 산동성 위방 일대)의 태수를 궁궐로 소환시켰다. 이때 그의 부하 문학졸사(文學卒士) 왕씨가 동행하겠다고 하였다. 태수가 대궐로 입궁하기 직전 왕씨가 태수에게 말했다.

"황제 폐하를 만나 만약 황제가 북해를 어떻게 관리했으며 어떻게 단속하였기에 비적들이 드나들지 않는 태평한 지역이 되었는가 묻는다면 대감께서는 어떻게 대답하실 작정이십니까?"

"재능 있는 인재를 등용하여 그들로 하여금 능력을 충분히 발휘하게 하였으며 상벌을 분명히 하여 상을 내릴 일에는 반드시 상을 내리고 벌을 줄 일에는 반드시 벌을 주었다고 답하면 되는 거지 무슨 다른 답변이 있겠는가?"

왕씨가 고개를 절레절레 흔들며 말했다.

"그렇게 대답하면 스스로를 칭찬하는 것이 됩니다. 그렇게 말해서는 절대 안 됩니다. 대신 이렇게 대답하십시오. '그 모든 것은 소신이 노력해서 된 것이 아니라 폐하의 은혜와 그 신령함이 두루 미치어 이루어진 결과입니다.'"

태수는 한무제의 물음에 왕씨가 시킨 대로 대답하였다. 태수의 대답을 듣고 난 한무제는 한결 흐뭇해져서 껄껄 웃었다.

"어디서 그런 겸손한 말을 배웠는가?"

태수가 사실대로 대답했다.

"소신은 저의 문학졸사한테서 이 말을 배웠사옵니다."

한무제는 그들을 어여삐 여겨 태수를 승상으로 임명했고 왕씨는 수형도위로 발탁했다.

이상의 두 사실은 내용이 너무나 똑같다. 그러나 실제로 이렇게 똑같은 일이 두 번 일어나기란 어렵다. 여기서 말하는 북해태수(北海太守)란 공축일 가능성이 많다.

아마 사서의 기재가 틀린 것으로 보인다. 일이야 어찌됐든 자신의 업적을 늘어놓는 것보다 황제의 권위를 높이는 일이야말로 자신을 높이는 길이었음을 이 이야기를 통해 알 수 있다.

선견지명

북송(北宋) 시기 필중유(畢仲遊)란 사람이 있었다. 관직도 높지 않고 명성도 별로 알려지지 않은 사람인데 그의 견식은 남다른 데가 있었고, 사물에 대한 판단력도 아주 뛰어났다. 가히 미래관이 있는 인재라고 할 수 있었다. 그가 사마광(司馬光)과 소동파(蘇東坡)에게 보낸 두 통의 편지 내용을 보면 그가 어떤 사람인가를 알 수 있다.

변법을 주도한 송신종(宋神宗)이 죽자 어린 철종(哲宗)이 등극하고 고태후(高太后)가 수렴청정을 하였다. 고태후는 변법을 반대한 사마광을 집정 대신으로 임명하였다. 조정의 대권을 쥔 사마광은 집정하자마자 곧 왕안석(王安石)이 변법에다 제정했던 모든 조례를 다 폐기시켰다. 왕안석의 변법을 반대했던 조정의 대신들은 그제야 우리들이 살 길이 열렸다며 박수갈채를 쳤고, 여기저기에서 축하연을 열었다. 그러나 필중유만은 달랐다. 그는 냉정하게 형세를 분석한 뒤 독자적인 견해를 밝힌 편지를 사마광에게 보냈다.

그 내용을 요약하면 대강 아래와 같았다.

왕안석이 선제(先帝)와 함께 새로운 변법을 시행했던 것은 국가
의 재정이 부족한 상황에서 부득불 시행한 것이다. 때문에 백성
들의 피땀을 긁어모으려는 정치적 조치가 취해지게 된 것이다.
소위 청묘세(靑苗稅)를 내고 시장 교역을 개발하여 면역세(免役
稅)를 내며, 소금에 대한 관리를 엄격히 하는 것 등은 모두가 국
가의 재무를 강화하기 위해 취한 조치들이다.

그는 이런 조치를 통해 국가의 재정을 확보하려고 하였다. 이것
이야말로 왕안석의 진정한 목적인 것이다. 그런데도 그가 변법
을 추진하게 된 제반 원인을 근절하지 않고, 그가 제정한 변법의
조항들만을 모두 백지화시킨다면 그 결과는 오히려 좋지 않을
것이고 또한 엄청난 폐해가 발생할 것이다. 그런데 지금 청묘법
을 폐기하고 시장의 교역을 없애 버렸고, 면역법을 백지화하고
원래의 소금 관리법을 회복하는 등 재정 확보를 위해 백성들의
이익을 침범했던 조치를 다 폐지해 버렸다.

이렇게 되면 원래 변법을 주장했던 사람들이 다시 고개를 쳐들
게 될 것이다. 그들이 황제 폐하에게 새 변법을 폐지해서는 안 된

다는 이유를 대며 청묘법과 면역법을 폐지해서는 안 되고, 시장의 교역을 없애서도 안 되며, 옛 소금 관리법을 회복해서도 안 된다고 주장할 것이다.

이처럼 그들은 새 변법을 폐지해서는 안 되는 가장 중요한 원인으로 국가 재정을 확보할 수 없다는 것을 들 것이다. 즉 비록 민생에 폐를 끼치는 일이 생긴다 하더라도 새 변법을 추진해야 왕실 조정의 경비를 충당할 수 있다면 황제를 충분히 설득시키고 감동시킬 수도 있다는 것이다. 그렇게 되면 황제가 변법을 지지하게 될 것이고 황제가 변법을 지지하게 되면 변법의 각항 조치들을 다시 추진하게 될 것이다. 그렇기 때문에 변법에 대한 조치를 백지화시키기 전에 왕실 조정의 재정 문제를 먼저 해결해야만하는 것이다.

그러기 위해서 적당한 조치를 취해야 하는데, 먼저 국가의 재무 관리를 장악하고 수입과 지출의 명세서를 명확히 작성해야 할 것이다. 또 각 지방과 각 부서에 비축한 돈·쌀·천·소금 등을 통합하여 호부(戶部)에서 통일적으로 관리토록 해야 한다.

이처럼 재무 관리를 확실히 하여 각지에 흩어져 있는 재물들을 다 집결시키면 20년은 족히 쓸 수 있을 것이다. 이렇게 하면 변법 주장파들의 구실을 막을 수 있고 그들의 구실을 막게 되면 변법은 완전히 백지화시킬 수 있게 될 뿐만 아니라 다시는 회생하지 못하게 될 것이다.

지난날 왕안석이 재상으로 있을 때 조정의 내외에서는 모두 그를 지지하여 거의 한 사람도 그를 비난하지 않았다. 이런 여건이 주어졌기에 왕안석은 변법을 추진할 수 있었던 것이다. 따라서 지금 지난날의 폐단을 뜯어고친다 해도 왕안석이 조정에 심어 놓은 인맥들이 10명 가운데 7~8명은 여전히 여러 관직에 있다.

비록 옛 관료들을 몇몇 등용했지만 그들의 세력은 아직 왕안석의 세력을 당하지 못한다. 그렇기 때문에 여러 조건이 제대로 성숙되지 않아, 비록 강력히 변법을 폐지한다 하더라도 변법과 관련한 제반 조치들은 반드시 다시 고개를 들고 회생할 것이다. 청묘법·시장 무역법·면역법·염법(鹽法) 등을 이제 폐지한다 해도 다시 살아날 것이므로, 그 후과는 실로 엄청나게 클 것이다.

그러므로 지금의 방식으로 변법의 폐단을 시정했다고 축하하는 일은 마치 오랜 병에 시달린 사람이 조금 호전되자 그의 가족과 친척들이 기뻐하며 축하하는 것과 다를 바 없는 일이다. 대감이 변법을 폐지했지만 내가 축하를 하지 않는 원인은 바로 그러한 병근(病根)이 아직 존재하고 있기 때문이다.

정말 날카로운 분석이 아닐 수 없다.

소동파가 관직에 있을 때 자주 시정을 질책하는 시론을 썼다. 필중유는 소동파가 이로 인해 피해를 입지 않을까 우려되어 그에게 편지로 권고했다.

과거 맹가(孟軻, 맹자)는 피치 못할 때라야 상대자와 변론을 하였습니다. 그럴 상황이 되지 않을 때에는 아예 입을 다물고 상대하지도 않았습니다. 고대 성인들이 학문을 닦고 대업을 지킬 수 있었고 무병장수할 수 있었던 것은 말을 조심했기 때문입니다. 선생은 관직에 나서면서부터 자신의 이해득실이나 화복에 관해서는 일절 말하지 않았습니다. 가히 말을 조심하는 사람이라 하겠습니다. 그러나 소위 언어와 연루되는 것은 말뿐만은 아닙니다. 시가 작품이든가 수필 산문, 심지어는 남을 위해 쓴 묘지명·서언·발문·유람기 등 모두가 언어에 속하는 것입니다.
지금 선생은 입으로 말하는 언어는 조심하고 있지만 글로 된 언어는 조심하지 않고 있는 느낌입니다. 문장을 통해 칭찬받은 사람들은 물론 기뻐하겠지만, 선생이 글로써 비평한 사람들은 선생을 원망할 것입니다. 기뻐하는 사람들은 선생을 도와주지 못할 것이지만 원성이 자자한 사람들은 이미 선생의 성망에 먹칠을 하고 있을지도 모릅니다. 세상 사람들이 선생의 글을 평론할 때, 이를테면 〈손빈병법〉·〈편작치병(扁鵲治病)〉 등의 글은 비록 의심할 것이 없고 흑백 시비에 관련된 내용도 없습니다만 구태여 시비를 걸 수도 있습니다. 하물며 선생의 다른 문장은 더 말할 것이 무엇이겠습니까? 선생의 관직은 간(諫)하는 직이 아니며 직무도 남의 과실을 사정하는 어사(御史)가 아닙니다. 그런데 선생은 남들이 감히 비평하지 못하는 일들을 비평하고 남들이 감히 찬양하지 못하는 사람을 찬양하였습니다.

다른 신하들과 함께 일하는 속에서 남이 꺼려하고 싫어하는 일을 한다면 조만간 자신을 해치게 될 것입니다. 이것은 마치 물에 빠진 사람을 구할 때 돌을 달아매고 물에 뛰어드는 것과 같습니다. 위험천만한 일이오니 선생께서는 신중히 생각하십시오.

훗날 과연 필중유가 우려했던 바와 같이 시대는 변했다. 송철종(宋哲宗)이 직접 대권을 장악한 후 폐지했던 신변법을 다시 회복시켰던 것이다. 소식(蘇軾, 소동파)은 시와 문장의 일부 내용 때문에 하마터면 '오태시안(烏台詩案)'에 말려들어 목이 잘릴 뻔했다.

사리를 따져 변경을 튼튼히 하다

사대부들이 사물의 손익을 논할 때면 마땅히 유리한 일면을 제기하되 그 근거를 충분히 설명해야 한다. 모든 사물은 상반된 성질을 지니고 있다. 즉 큰 이득 뒤에는 작은 손해가 있게 마련이다. 따라서 손해가 존재할 수 있는 조건과 형식을 제대로 지적해야 한다. 그래야만 군주들이 실제 상황에 따라 사물에 대한 처리나 선택을 할 수가 있다. 또 이래야만 신하된 사람도 군주에게 속임 없이 진실을 말하는 신하의 도리를 지킬 수 있다.

한(漢) 선제(宣帝) 때의 일이다. 영평후(營平侯) 조충국(趙充國)이 선령(先零) 강족(羌族)의 반란을 평정하였다. 조충국은 선제에게 일부 군사를 평민으로 풀어 그곳에 정착하여 농사를 짓게 하는 것이 좋겠다고 진언하였다. 그러나 선제는 그렇게 생각지 않았다.

"우리가 만약 군사를 풀어 백성으로 만들고 그곳에서 농사를 짓게 한다고 하자. 만약 이적(夷狄)들이 이 사실을 알게 되면 또 그곳을 소란케 할 것이다. 이는 화근을 자초하는 일이 아닌가."

한 선제는 조충국의 진언을 수용하지 않았다. 조충국이 선제에게 사리를 다시 잘 설명해 주었다.

"변경의 그들은 기실 작은 비적에 불과합니다. 비록 살인과 방화를 일삼는다 하지만 그렇다고 그들을 다 죽일 수는 없는 노릇입니다. 군사로 그들을 멸종시킬 수 있다면 벌써 군사를 움직여 그들을 휩쓸어 버렸을 것입니다. 만약 군사들을 그곳에 주둔시켜 지키게 한다면 많은 경비가 들어야 합니다. 또한 이렇게 되면 아군은 충분한 휴식을 취하지 못하게 됩니다. 따라서 적들의 소란을 영원히 막을 수 없는 것입니다."

선제는 결국 그의 제안을 받아들였다. 조충국은 절반의 군사를 백성으로 귀화시켜 그곳에서 농사를 짓게 하였다. 그곳은 얼마 뒤 식량이 풍족해졌고 군사들도 충분한 훈련을 할 수 있었다. 조충국이 지키는 변경은 무사태평하였다.

동한(東漢) 안제(安帝) 때 북쪽과 서쪽 변경의 흉노가 자주 한나라 변경을 침입하였다. 반초(班超)의 아들 반용(班勇)이 안제에게 서역에 새로 교위진(校尉鎭)를 설치하여 그곳에 군사를 주둔시키면 흉노의 침범을 막을 수 있을 것이라고 진언하였다. 이때 다른 사람은 북쪽이 서쪽보다 더 중요하다면서 그의 진언을 무시하려 하였다. 서쪽 변경에는 옥문관(玉門關)이 있기 때문에 적을 막아 내기 쉽다는 이유에서였다. 그러니 북쪽 변경에 주목부(州牧府)를 설치하여 흉노를 막는 것이 더 바람직하다고 했다. 그러면서 반용에게 빈정거리며 말했다.

"반용 당신은 정말 북방 흉노의 침범이 다시는 없을 것이라고 장담할 수 있소?"

그들이 고의적으로 자기를 조롱하고 있음을 안 반용은 충분한 이유를 대어 그들에게 반박했다.

"지금 당신들은 북쪽 변경에 주목부를 설치하여 흉노의 침략을 막자고 합니다. 가령 주목부가 북쪽 변경의 안정을 보증한다면 물론 그것은 막을 이유가 없습니다. 그러나 그렇다고 변경에 외환이 없어지는 것은 아닙니다. 지금 우리가 서역의 흉노와 강화를 맺는다면 북쪽 흉노의 세력은 많이 약화될 것입니다. 그렇게 되면 우리가 입는 피해도 물론 적어질 것입니다. 그러나 옥문관만 지킨다면 서부와 북부의 흉노는 필연코 연합하게 된다는 것을 잘 알아야 합니다. 그 두 세력이 합치면 흉노의 군사력은 막강하게 됩니다. 그때 우리가 입게 될 피해는 이루 형언하기 어렵습니다. 우리는 부득불 수십만의 군사와 막대한 재물을 투입해야 할 것입니다. 때문에 지금 서부에 교위진을 설치하는 것은 무엇보다도 급선무라고 생각합니다."

조충국과 반용 두 사람은 사물의 이치를 설득력 있게 전개하였다. 그 두 사람은 손익의 양면 관계를 충분히 파악하였던 것이다. 군주의 말이라 해서 그저 복종하지도 않았고, 다수의 의견이라 해서 덮어놓고 따르지도 않았다. 조충국과 반용의 처세는 후세 사람들이 따라 배울 귀감이라고 하겠다.

원인을 조목조목 밝히면
비록 비방이라도 듣는 이가 노하지 않는다

한나라 선제(宣帝) 유순(劉詢)은 증조부인 무제(武帝)를 기념하여
제례악(祭禮樂)을 제정하려고 했다. 선제는 신료들에게 이 일을 잘
토의해 보라는 교지를 내렸다.

대신들이 모여 토의하던 중 광록대부(光祿大夫) 하후승(夏侯勝)
이 무제를 위해 제례악을 제정하는 것에 강력히 반대하였다.

"선제(先帝)인 무제는 성군이 아닙니다. 무제는 사치 생활을 추
구하여 국가의 재력을 터무니없이 낭비하였습니다. 백성들은 헐
벗고 굶주리게 되었으며 구걸하게 되었습니다. 그리고 천리 논밭
이 황무지로 변했습니다. 무제는 백성들에게 아무런 은덕도 주지
못했습니다. 이런 황제를 위해 제례악을 제정한다는 것은 마땅치
않습니다."

진솔한 그의 몇 마디 말이 그에게 커다란 재앙을 가져다주었다.

승상과 어사 등 뭇 신료들은 광록대부가 선제를 비방했다는 명목으로 그에게 비방죄를 씌우고 탄핵하려 하였다. 선제를 비방한 것은 대역무도한 죄이며 이는 용서할 수 없다는 것이었다. 결국 하후승은 뭇 신료들의 탄핵에 모든 관직을 파면당하고 투옥되었다. 이듬해에 특사가 있었기에 망정이지 그렇지 않았으면 그는 큰 화를 당할 뻔했다.

한나라 장제(章帝) 때 공희(孔僖)와 최인(崔駰)이 한무제에 관해 뒷공론을 하였다. 그들은 무제가 즉위 초반에는 국정을 잘 살펴 나라의 살림이 많이 좋아졌다는 평가를 내렸다. 그러나 집정 말기에 들어서는 집정 초반기의 선행을 잃고 무단 독주하였을 뿐만 아니라, 과분한 사치를 부려 국고를 탕진했다며 애석함을 표시했다.

그런데 이 말을 들은 누군가가 그들이 선제를 비방했다고 참소하였다. 그야말로 낮말은 새가 듣고 밤말은 쥐가 듣는다더니 헛된 말이 아니었다. 공희와 최인도 하후승과 같은 죄로 투옥되었다. 감옥에 갇힌 공희는 사실의 시말을 밝히며 억울함을 호소하였다. 그리하여 다만 공희만이 공자의 후손이라 하여 곧바로 풀려날 수 있었다.

가연지(賈捐之)는 이름난 간관(諫官)이다. 한나라 원제(元帝) 때에 황제에게 곧잘 직간하여 자신의 견해와 백성들의 요구를 전달하였다.

한번은 원제와 뭇 신료들이 주애(珠崖, 지금의 광동성 경산)의 반란을 토벌할 일을 상의하였다. 이때 가연지는 주애에서 연이어 일어나는 반란의 원인부터 말했다.

"무제께서 계속 전쟁을 일으켜 백성들의 부담이 훨씬 가중되었습니다. 그리고 무제 때 형벌이 너무 가혹하였습니다. 이에 반발한 비적들이 사방에서 우후죽순처럼 일어났습니다. 이를 진압하려고 또 많은 군사를 투입했습니다. 그 결과 백성들에게 지워진 세금은 천정부지로 뛰어올랐습니다. 게다가 대량으로 새로운 군사를 확충하였습니다. 부친이 죽고 없으면 아들이 대신 종군하였습니다. 늙은 부인이나 젊은 색시들은 눈물을 머금고 남편을 전쟁터로 보내야 했습니다. 따뜻한 가정의 보살핌을 잃게 된 고아들은 눈물범벅이 되어 유랑길에 올랐습니다. 이 모든 것은 무제께서 지역 확장을 너무 서둘렀고 끊임없이 전쟁을 일으켰기 때문입니다."

그는 선제의 이 교훈을 받아들여 백성들에게 안정된 삶의 기반을 마련해 주는 데 더 신경을 써야 한다고 원제에게 진언하였다. 원제는 가연지의 진언에 일리가 있다고 생각하여 그의 건의를 받아들였다. 선제나 장제처럼 간언을 비방이라는 죄명으로 덮어씌

우지는 않았던 것이다.

하후승·공희·가연지는 모두 한무제의 과실을 지적하였다. 가연지는 뭇 신료와 황제 앞에서 아무런 두려움도 없이 한무제의 실책을 설득력 있게 설명했다. 그러나 세 황제의 처리 방법은 같지 않았다. 하후승·공희에게 내린 비방죄는 한나라의 비방법에 명기된 조목이다. 그러나 가연지는 직접 사실의 원인을 조목조목 밝혔기에 비방법에 저촉되지 않았다. 때문에 원제는 그를 비방죄로 단죄하지 않았던 것이다.

종기를 그대로 두었다간 끝내 곪아 터지고 만다

속담에 '우유부단하다가는 오히려 피해를 입게 된다'란 말이 있다. 역사상 이런 예는 적지 않다.

동한(東漢) 말기 환관들이 국권을 손아귀에 넣고 조정을 좌지우지하였다. 하태후(何太后)는 환관들의 꼭두각시에 불과했다. 태부(太傅) 하진(何進)이 조정의 기강을 문란하게 만든 환관들을 처단할 계획을 짰다. 그는 하태후에게 당시의 정세를 상세히 설명했고 그 기초 위에서 중상시(中常侍)·소황문(小黃門) 등 환관들을 즉각 파면시켜 고향으로 내쫓아야 한다고 진언하였다. 그래야 황권이 바로 설 수 있기 때문이었다.

중상시 장양(張讓)의 며느리는 하태후의 여동생이다. 불이 발등에 떨어지게 되자 장양은 며느리의 인맥을 이용하였다. 그는 며느리에게 절을 올리면서까지 간곡히 당부했다.

"나는 조정에 죄를 지은 사람이니 고향으로 돌아가도 마땅하네.

113

하지만 나는 한실(漢室)의 몇 대 황제를 모신 사람이 아닌가. 고향으로 돌아가기 전 단 한 번이라도 태후를 다시 뵐 수만 있다면 태후에게 마지막으로 잘 시중하려 하네."

그의 며느리는 시아버지의 부탁을 거절할 수 없어 하태후를 찾아뵙고 장양을 마지막으로 한 번만 만나 주시라고 진언하였다. 하태후를 만난 장양은 이것이야말로 좋은 기회라 여겨 환관들의 공로를 나열하면서 태부의 간언에는 다른 심보가 있다고 역설하였다. 마침내 장양의 역설은 태후를 감동시켰다. 머지않아 파면당했던 환관들은 다시 하태후의 신변으로 돌아왔다.

상황이 이처럼 변하자 하진은 무력으로 환관들을 없애려고 작정하였다. 그는 외부의 병력을 빌려 하태후를 압박하는 계책을 세웠다. 이때 그의 계획이 타당치 않다고 지적한 사람이 있었다.

"지금 도읍에 있는 군대와 대감의 사병만 동원시켜도 얼마든지 일을 성사시킬 수 있습니다. 기어코 외부 병력의 힘을 빌릴 필요까지는 없습니다. 지금 병권을 쥐고 있는 사람들도 그들의 속마음이 어떤지 알 수 없습니다. 앞문에서 범을 쫓아내었는데 뒷문으로 승냥이가 뛰어 들어온다면 그때는 후회해도 소용이 없을 것입니다. 그리고 지금이 어느 때입니까? 대감님께서는 외부 병력을 동원시킬 말[馬]조차도 없습니다."

그러나 하진은 그의 말을 받아들이지 않고 동탁(董卓)의 군사를 끌어들이기로 했다.

그러나 이 소식을 미리 알게 된 환관들은 하진을 궁으로 끌어들인 후 그가 방심한 틈을 타 그를 다진 고기로 만들어 버렸다. 동탁이 군사를 이끌고 도읍으로 쳐들어왔을 때는 하진 등 대신들이 이미 다 죽은 뒤였다. 얼마 후 동탁이 장양 등 환관들을 처단하긴 했지만 한나라 조정은 그때부터 쇠퇴 일로를 걷게 되었다.

북제(北齊) 상서령(尙書令) 화사개(和士開)는 간신이다. 그는 무성제(武成帝) 때 조정의 대권을 휘두르며 조정의 기강을 문란하게 만들었다. 후주의 고위(高緯)가 즉위하자 재상 고예(高叡)와 임해소왕(臨海郡王) 누정원(婁定遠)이 짜고 호태후(胡太后)에게 간언하였다. 기회를 봐서 하루빨리 화사개를 지방 장관으로 내려보내는 것이 바람직하다는 내용이었다. 그러나 호태후는 그들의 진언을 마이동풍으로 흘려보내고 화사개를 계속 신변에 두었다.

고예(高叡)는 당시 조정의 이해득실을 설명하면서 하루빨리 화사개를 연주(兗州) 자사로 내려보내는 것이 좋겠다고 다시 간언하였다. 그러나 호태후와 후주는 머뭇거리면서 하교를 내리지 않았다. 원래 고예는 자신의 재상직을 이용하여 권력과 힘으로 소기의 목적을 얼마든지 달성할 수 있었다. 그런데 그는 호태후에 대한 미련을 시종 버리지 못했다.

화사개는 호태후가 자기를 차 버리지 않는 것을 보자 꾀를 쓰기 시작했다. 먼저 보물과 미인계로 누정원의 입을 막고 그의 도움을 청했다. 그리고 누정원을 통해 후주와 호태후를 만날 수 있었다.

"소신을 지방으로 보내면 조정에서는 반드시 대소동이 일어날 것이옵니다. 이제부터 소신이 다시 태후와 폐하를 만날 수 있으니 앞으로 조정은 잠잠할 것이옵니다."

이렇게 태후와 후주의 마음을 안정시킨 화사개는 뒤이어 누정원을 청주 자사로 내려보냈다. 그 뒤 그럴싸한 이유를 들어 고예를 살해하였다. 그러나 2년 뒤, 화사개는 낭야왕(琅邪王) 고엄(高儼)에 의해 살해당하였다. 화사개는 마땅히 받아야 할 처단을 받았지만 북제는 이로써 멸망하고 말았다.

하진과 고예는 목숨을 내걸고 한나라와 제나라의 사직을 위하여 충성을 다하였다. 그들이 제때에 손을 써서 대역무도한 자를 먼저 처단했더라면 자신의 생명도 지키고 나라와 황실에도 유리했을 것이다. 그런데 무엇 때문에 선수를 치지 못했는지 안타깝기만 하다.

116

장양과 화사개 따위의 간신들이 혓바닥을 날름거리며 모든 일을 왜곡시켰기 때문에 충신은 모함을 받아 목숨을 잃게 되었고, 종묘사직은 그때부터 폐허가 되었다. 종기는 제때에 뿌리 뽑아야지 그 시기를 놓치면 곪아 터지고 만다. 호랑이와 늑대는 제때에 잡아치워야지 살려 두었다간 오히려 그들의 날카로운 이빨과 발톱에 의해 해를 입기 십상이다. 후세 사람들은 이를 거울로 삼아야 할 것이다.

적을 경시하면 반드시 패한다

한신(韓信)이 대군을 인솔하여 조(趙)나라를 공격했다. 이에 대항하여 나선 조나라 광무군(廣武君) 이좌거(李左車)가 성안군(成安君) 진여(陳餘)에게 신신당부했다.

"섣불리 맞서서 싸우지 말고 적의 주력을 피해 군사력을 보존하시오. 성벽을 높게 쌓고 도랑을 깊이 판 후 기회를 엿보다가 적이 방심한 틈을 이용해 퇴로를 차단하는 편이 나을 듯하오. 퇴로가 완전히 차단되는 즉시 반격을 가하면 반드시 대승을 거둘 수 있을 것이오."

그러나 진여는 그의 당부를 받아들이지 않았다.

"적은 먼 길을 오느라 지쳐 있습니다. 이 기회를 놓쳐서는 안 됩니다. 자꾸 피하기만 하면 다른 나라도 우리를 더 깔보게 될 것입니다. 그렇게 되면 어느 나라든 다 우리를 침범하려고 할 것이 아닙니까."

귀신같은 한신이 이 사실을 알게 되었다. 그는 후방 침투 작전으로 진여를 궤멸시킬 계책을 짰다. 하늘에서 내려온 듯, 땅속에서 솟아난 듯 한신의 군사가 쥐도 새도 모르게 진여의 후방에 나타났다. 조나라의 깃발이 내려지고 한나라 깃발이 높이 걸렸다. 진여가 황급히 말을 몰며 한신을 맞아 싸웠다. 그러나 적의 갑작스런 기습에 이미 사기가 떨어진 군사들에게 싸울 마음이 있을 턱이 없었다. 진여는 전쟁터에서 목이 잘렸고 조군은 대패하여 산지사방으로 뿔뿔이 흩어져 버렸다. 이 한 번의 패배로 조나라의 운도 다하고 말았다.

　당시 한신은 대장군으로 임명된 지 얼마 되지 않은 시기였다. 한신은 그 짧은 시간에 위(魏)나라와 대(代)나라를 멸망시켰다. 그럼에도 한신의 명망은 아직 천하에 널리 알려지지 않고 있었다. 진여가 한신을 업신여긴 것도 무리가 아니었다.

　한나라가 조나라를 멸망시키고 연(燕)나라가 한나라의 속국이 되었다. 이로써 한나라는 관동 6국 중 이미 네 나라를 평정하였다. 한신은 연승의 기세를 빌려 제(齊)나라를 향해 대거 진격하였다. 이때 초(楚) 패왕(覇王)이 용저(龍且)에게 20만 대군을 주며 제나라를 구원케 하였다. 용저의 수하 장군들이 용차에게 진언하였다.

　"한신은 지금 승승장구의 기세를 타고 있기에 군사들의 사기가 높고 전투력도 어느 때보다 강합니다. 정면충돌을 해서는 승산이 없습니다. 더욱 좋은 계책은, 제왕이 밀사를 파견하여 한군에 투항한 제군 장령들이 뒤에서 한신을 공격하게 하는 것입니다. 그러면 아군은 어부지리를 얻게 될 것입니다."

그러나 용저는 이 모든 말을 다 흘려 넘겼다.

"아닐세. 한신이 어떤 작자인가? 그자는 남의 가랑이 밑으로 기어나간 놈이 아닌가! 두려울 게 하나도 없네. 그리고 우리가 지금 무엇 때문에 제나라에 왔는지 생각해 보게. 제나라를 구원하러 온 게 아닌가? 그런데 우리가 가만히 앉아 있으면 어떻게 전공을 세우겠는가? 아군은 적군을 얼마든지 이길 수 있는데 무엇 때문에 출전을 미룬다는 것인가?"

한신과 용저는 유수(濰水)에서 한 차례 접전을 벌였다. 초군은 이 전투에서 전군이 패망하여 절단 났고 용저도 전쟁터에서 목 잘린 귀신이 되고 말았다. 이때 전멸된 초군은 모두 초군의 정예부대였다. 이로 말미암아 나라도 곧바로 멸망하고 말았다.

후한 광무제(光武帝) 때 건위대장군(建威大將軍) 경감(耿弇)이 장보(張步)를 토벌하였다. 경감군은 장보의 수하 대장군 비읍(費邑)을 참살하고 서안·임해 두 도성을 공격하였다. 장보의 동생 장예

(張藝)는 성을 내놓고 도망갔고 경감군은 파죽지세로 짓쳐 들어 비읍의 동생 비감(費敢)의 군사까지 전멸시켰다. 경감은 우래·대동·연잠·팽총·부평·획색 등지를 점령하였다. 이는 장보가 지키고 있던 제나라의 땅 중 거의 대부분에 해당했다. 경감의 대군은 머지않아 제나라의 도성으로 진공할 계획이었다. 그래도 장보는 경감을 경시하고 대비에 소홀하였다.

"과거 우래나 대동의 십여만 대군도 내가 깃발을 한번 휘두르면 모두 나무통 넘어지듯 무너졌거늘! 지금 경감의 군사는 그때보다 훨씬 적고, 게다가 계속 이어지는 전투에 군사들은 지칠 대로 지쳐 있다. 내가 직접 손을 쓰는 날이 바로 경감의 제삿날이지!"

장보는 스스로 먼저 출격하여 경감과 정면 대결을 하였다. 그러나 결과는 불 보듯 뻔한 것이었다. 장보의 두 동생은 경감군에 생포되었고 장보군은 대패하여 뿔뿔이 흩어지고 말았다.

병법에 '지기지피, 백전불태(知己知彼, 百戰不殆, 나를 알고 적을 알면 백 번 싸워도 위태롭지 않다)'란 말이 있다. 용저와 장보는 이 도리를 알고나 있는지 모르겠다.

남조(南朝) 양림천왕(梁臨川王) 소굉(蕭宏)이 북위(北魏)를 침공하였다. 위나라에서는 원영(元英)이 군사를 지휘하여 소굉의 침공에 대항하였다. 소굉군은 진격을 잠시 멈추었다. 원영의 수하가 그에게 이 기회를 이용하여 하루빨리 낙수(洛水)를 차지해야 한다고 진언하였다. 그러나 원영의 생각은 이와 달랐다.

"아닐세. 소굉은 비록 우둔하다고 하지만 그 수하에 위예(韋叡) 등 명장들이 즐비하네. 그들을 경시하고 경거망동했다간 큰코다칠 걸세. 그러니 절대 서둘러서는 안 되네."

소굉은 더는 진군할 수 없게 되어 결국 후퇴하고 말았다. 원영은 과연 '지기지피'라 하겠다. 앞에서 예로 든 그들에 비해 명석한 두뇌를 가진 사람이다.

그럼에도 결국 그도 실수를 하였다. 그는 앞뒤를 헤아리지 않고 너무 다급히 종리(鐘離)를 공격했다. 위(魏)나라의 형만(邢巒)이 이를 극구 제지시키기 위해 위왕으로 하여금 어명을 내려 원영을 후퇴시키도록 했으나 원영은 어명도 받아들이지 않았다. 이때가 천재일우의 좋은 기회이니 출전만 하면 전과를 올릴 수 있을 것이라고 믿었기 때문이다. 그 결과 조경종(曹京宗)·위예(韋叡)에게 대패하고 말았다. 그때 원영이 잃은 군사는 무려 20만여 명에 달했다.

원영은 한때는 지기지피였지만 또 한때는 지기망피(知己忘彼, 자신만 잘 알지 상대방은 잘 모른다)였으니 유감이 아닐 수 없다.

탁상공론만 하다가 기회를 놓치다

국가의 방침과 전략은 국가의 생사존망과 긴밀하게 연계되어 있다. 천하에 화근이 일어나 국가가 위급할 때 언제나 지혜가 출중하고 견식이 높은 사람이 나타나 나라를 구할 의견을 제시한다. 현명한 군주가 이때 구국의 건의를 받아들여 즉시 실행하면 나라를 구하고 화를 모면할 수 있다. 그러나 우매하고 우유부단한 군주는 사리를 전혀 모르고 충신의 간언이 아니라 간신의 사악한 진언에 현혹되어 나라를 망치게 한다. 이처럼 우매하고 우유부단한 군주들이 고금에 적지 않다.

삼국시대 조조가 직접 삼군을 인솔하여 유비를 토벌하러 나섰다. 원소(袁紹)의 모사 전풍(田豊)은 이때가 천재일우의 기회이니 조조의 후방을 습격하면 대승할 것이라고 진언하였다. 그런데 원소는 '아들이 지금 병을 앓고 있는데 어찌 출전할 수 있느냐'며 전풍의 건의를 묵살하였다. 이로 인해 원소는 조조를 꺾을 수 있는 절호의 기회를 스스로 차 버렸다.

조조가 북방의 오환(烏桓)을 토벌할 때다. 유비는 이 기회를 타서 조조의 근거지인 허창을 점령하자고 유표에게 건의했다. 그러나 유표는 유비의 건의를 받아들이지 않았다. 이렇게 해서 조조는 또 한 번 승리의 기회를 얻게 되었다. 원소와 유표는 그 뒤 모두 조조에 의해 궤멸되었다.

당나라가 동정(東征)을 통해 왕세충(王世充)을 평정하러 나섰다. 당군은 승승장구하면서 낙양까지 밀고 나갔다. 이때 하왕(夏王) 두건덕(竇建德)이 수하 장병들을 이끌고 하북을 떠나 왕세충을 지원하였다. 두건덕은 능력이 있고 견식이 넓은 사람이며 전쟁터에서 잔뼈가 굵은 역전의 용장이었다. 당시 당 태종은 호뢰관(虎牢關)을 굳게 닫아걸고 두건덕의 진로를 막았다. 이렇게 되어 두건덕과 왕세충이 서로 합세할 수 없게 되었다.

두건덕의 수하 신료인 능경(凌敬)이 하왕에게 황하를 몰래 건너가 회주(懷州, 지금의 하남성 침양)·하양(河陽, 지금의 하남성 맹현)을 탈취하고 태행산(太行山)을 넘어 상당을 점령한 뒤 포진(蒲津, 지금의 산서성 영제현 번주진)을 공격하자는 전략을 건의했다. 이 작전 계획은 두건덕의 군대가 당나라 군대의 후방을 차단하고 무인지경을 지나듯 당나라 후방 전역을 차지할 수 있는 좋은 계략이었다. 그렇게 되면 또 당나라로서는 관중이 위태로워지기 때문에 호로관 지역의 곤경은 저절로 풀릴 것이라는 계산도 있었다.

그런데 두건덕의 수하 장군들이 능경을 얕잡아보고 그의 건의를 수용했다간 큰코다칠 것이라고 두건덕에게 간언하였다. 장거리 행군으로 인해 군사들이 지칠 대로 지쳐 전투력이 떨어지게 될 것이므로 도무지 승리할 확률이 없다는 논리였다. 능경은 한낱 선비 출신인데 군사에 대하여 그가 뭘 알겠느냐면서 능경을 폄하하였다.

결국 두건덕은 능경의 건의를 받아들이지 않았다. 이때 두건덕의 아내 조씨(曹氏)도 당군의 허점을 이용하여 군영을 북쪽으로 확장하는 것이 바람직하다고 진언하였다. 태항산을 점령하고 관중을 차지하게 되면 당군은 자연히 후퇴하여 자구하려는 데 급급하게 될 테니 곤경은 저절로 풀리지 않겠느냐는 것이었다. 그러나 두건덕은 아내의 권고도 듣지 않았다. 두건덕은 삼군을 이끌고 당군과 정면으로 대결하였다. 그 결과 대패하여 우곡구(牛谷口)에서 당군에게 생포되어 살해되었으며 국가도 뒤따라 멸망하였다.

당(唐) 장종(莊宗) 이존욱(李存勖)이 하북을 탈취한 뒤 조성(朝城, 지금의 산동성 화현 서남 일대)에 진을 치고 주둔하였다. 후량(後梁)의 군신들이 당나라 군사의 진공을 물리칠 계책을 논의하였다. 후량은 '당군(唐軍)이 워낙 강하므로 군사력을 집중하여 삽시간에 습격을 가해야만 물리칠 수 있다'고 논의하였다.

동장(董璋)이 섬괵(陝虢, 지금의 삼문협 일대)·택로(澤潞, 지금의 산서성 장치 일대)의 군사를 지휘하여 태원으로 진공하고, 곽언위(霍彦威)가 여(汝, 지금의 하남성 임여현)·낙(洛, 지금의 하남성 낙양 일대)의 군사를 지휘하여 진정으로 들이쳤으며, 왕언장(王彦章)은 금위 부대를 이끌고 훈주를 공격하고, 단응(段凝)은 대군을 영솔하여 직접 당 장종과 대결하기로 작전 계획을 면밀히 짰다. 그런데 후량의 이러한 작전 계획이 당 장종의 귀에 전해졌다.

장종은 후량의 치밀한 군사 작전 계획에 탄복했지만 속으로는 걱정이 앞섰다. 얼핏 군사를 잘못 지휘했다간 대패할 수도 있었기 때문이다. 그런데 당 장종과 정면 대결해야 할 단응이 너무 조심스럽게 대처하다 보니 그만 좋은 공격 기회를 놓치고 말았다. 그리고 후량 군주 주우정(朱友貞)도 주견이 없어 결단을 내리지 못해 좋은 계략을 세워 놓고도 성공하지 못했다. 후량은 이렇게 해서 당나라에게 멸망당하게 된 것이다.

석경당(石敬瑭)이 하동에서 당나라에 반기를 들고 반란을 일으켰다. 당나라 군사가 석경당을 토벌하러 오자 야율덕광(耶律德光, 훗날 요나라의 태종)이 군사를 이끌고 석경당을 지원하였다. 당나라 군사는 석경당과 야율덕광의 연합 항거에 밀려 한 치도 전진할 수 없었다. 곧이어 연합군은 당나라군을 겹겹이 포위하였다. 당황한 당나라 황제가 신하들과 작전 계획을 토의하였다.

당시는 야율덕광의 형 야율찬화(耶律贊華)가 국내에서 정권을 탈취하려다 실패하여 당나라로 망명했을 때다. 이부시랑(吏部侍郎) 용민(龍敏)이 한 계책을 내놓았다.

"야율찬화에게 거란왕으로 나서 달라고 청탁하고, 그가 청탁을 받아들여 거란의 왕으로 부임하면, 그가 부임할 때 천웅(天雄)·노용(盧龍) 두 지방에서 병사를 뽑아 야율찬화를 호송하게 하는데, 이는 명색이 호송이지 사실은 출전이라고 할 수 있습니다. 그리고 이 군사가 유주를 지나 서루에 도착하자마자 야율덕광을 토벌한다는 격문(檄文)을 공포하면, 적군은 후방에 적을 두는 위험에 처하게 됨으로, 이때 기회를 보아 갑자기 들이닥치면 한 싸움으로 포위망을 풀 수 있을 것입니다."

당나라 황제가 듣고 보니 그럴듯했다. 이 계획이 실현되면 당군은 다시 주도권을 되찾을 수 있으며 어렵지 않게 석경당을 평정할 수 있을 것으로 생각했다. 그런데 문인 신료들은 용민의 건의가 좋긴 하지만 가령 실패하면 공연히 군사력만 소비하는 것이 아니냐며 중구난방으로 공론만 일삼았다. 공론만 일삼다 보니 시원한 결론이 나오지 않았다. 그사이 석경당 군대는 승승장구하면서 낙양을 향해 진공해 왔다. 얼마 후에 후당(後唐)은 석경당의 손에 멸망하고 말았다.

송나라 정강(靖康) 연간에 금(金)나라 군사가 중원 일대를 침범하였다. 금군은 고군분투하며 중원 깊숙이 침입하였다. 그때 금군(金軍)의 침범을 격퇴할 좋은 계책이 논의되었다. 금군과 정면 대결을 피하고 북진하여 하북 일대를 점령하면 금군은 완전히 퇴로가 차단되어 독안에 든 쥐 신세가 될 것이라는 주장이었다. 그러나 조정에서는 끝내 결단을 내리지 못하였다. 금군은 마치 무인지경 달리듯하여 중원을 몽땅 차지하였다. 송나라의 군신들은 땅을 치며 후회하였지만 이미 때는 늦은 뒤였다.

국난이 닥쳐야 충신인지 아닌지 알 수 있다

당(唐)나라에서 '안사의 난'이 일어났을 때 충성과 의리를 지킨 신료들이 속속 나타났다. 그중 권고(權皐), 견제(甄濟), 원정(元正) 부자(父子), 장성(張誠), 노손(盧巽) 등이 그 대표적 인물들이다. 이들의 사적은 후세에 널리 알려져야 한다.

권고의 자는 사요(士繇)이며 진사에 급제하여 임청(臨淸, 지금의 산동성 임현 서쪽) 위(尉)로 제수되었다. 안녹산은 권고의 명망이 높다는 말을 듣고 그를 계(薊, 지금의 북경시)의 위(尉)로 초빙하여 자신의 측근 수하로 삼았다. 그때 권고는 사람을 통해 안녹산의 사람됨을 탐지하게 하였다. 탐지 결과 안녹산이 지금 모반을 꾀하고 있는 조정의 반역자임을 알게 되었다. 안녹산은 고집이 세고 남의 충언을 잘 받아들이지 않는 사람이어서 자기가 그의 측근 수하로 있다 하더라도 안녹산을 설득시킬 수 없음을 알고는 그의 세력권에서 벗어나려고 하였다. 그러나 자기가 안녹산을 떠나면 모친에게 화가 미칠까 염려되어 못내 결단을 내리지 못했다.

당 현종 천보(天寶) 14년(755년) 안녹산은 권고에게 명하여 장안으로 포로를 압송토록 하였다. 공무를 마치고 계(薊)로 돌아오는 길에 권고는 꾀를 써 실종된 듯이 꾸며 다른 곳으로 잠적하였다. 그러나 권고 수하의 사람들은 장안으로 제때에 돌아갔다. 권고의 모친은 아들이 죽은 걸로 알고 매일 대성통곡하며 눈물을 흘렸다. 이 광경을 본 행인들도 눈물을 금치 못했다.

안녹산도 권고가 정말 죽은 줄로 알고 권고의 모친에게 아무런 가해도 하지 않았을뿐더러 그를 고향으로 돌려보냈다. 권고는 중도에서 모친을 맞이해 신속하게 남행길을 재촉하였다. 권고가 장강을 건넌 지 얼마 안 되어 안녹산은 마침내 반란을 일으켰다. 천하의 중신들이 권고에 관한 이야기를 듣고는 서로 다투어 그를 초빙하려 하였다.

견제의 자는 맹성(孟成)이다. 그는 위주(衛州) 청암산(青岩山)에 10여 년을 은거하였다. 관청에서는 다섯 번이나 그를 불러 함께 국사를 도모하자고 초빙하였지만 그는 매번 완곡하게 사절하였다. 조정에서는 열 번이나 공문을 내렸으나 그는 역시 조정의 초빙도 거절하였다. 당 현종 천보 10년(751년)에 조정에서는 그를 좌습유

(左拾遺)로 임명한다는 공문을 내렸다. 임명서가 아직 견제한테 전달되지 않았을 때 안녹산(당시 범양 절도사로 있었다)이 장안에 도착하여 황제를 만났다. 안녹산은 황제에게 견제를 범양 장서기(掌書記)로 임명해 줄 것을 진언하였다. 현종은 안녹산의 청을 받아들였다. 안녹산은 위주 태수 정준의(鄭遵意)를 시켜 청암산에 가서 견제를 모셔오도록 했다. 그리하여 견제는 부득불 산을 나와 범양으로 가 부임하였다. 부임한 견제는 우선 안녹산의 사람됨을 살펴보았다. 안녹산이 지금 조정에 반란을 일으킬 준비를 하고 있는 것을 알게 된 견제는 그의 곁을 떠나기로 작심하였다.

어느 날 저녁 견제는 양피를 온몸에 바른 뒤 중병에 걸렸다고 몸져누웠다. 그리고 안녹산에게 사의를 표명했다. 아무래도 금세 나을 병이 아니니 당분간 산으로 돌아가 몸조리를 해야겠다는 이유를 늘어놓았다. 안녹산도 온몸이 피투성이인 그를 그대로 둘 수 없어 사람을 시켜 청암산으로 실어다 주었다.

반란을 일으킨 안녹산은 채희덕(蔡希德)에게 칼을 내려 주면서 청암산에 가서 견제를 청해 오라고 분부하였다.

"가령 견제가 하산하지 않겠다고 버티면 이 칼로 그의 목을 베어 수급(首級)을 들고 오게."

견제는 역시 병이 가중해 하산할 처지가 못 되므로 명령대로 처분을 받겠으니 어서 칼을 내리치라며 목을 들이대었다. 채희덕은 차마 그를 처단하지 못하고 칼을 거둬들였다. 안녹산도 그런 이야기를 듣고는 채희덕을 더 이상 추궁하지 않았다.

훗날 안녹산의 아들 안경서(安慶緖)가 다시 견제를 모시러 사람을 보냈다. 그때도 견제는 완곡히 사절하였다. 안경서의 수하는 견제를 강제로 낙양까지 가마에 태워 납치해 왔다. 그리고 견제를 안국관(安國觀)에 연금시켰다.

그 뒤 광평왕(廣平王)이 낙양을 탈환하였다. 견제는 광평왕을 찾아가 뜨거운 눈물을 흘리며 자신의 운명을 하소연하였다. 광평왕도 그의 충성심에 감동되어 당 숙종에게 상주하였다. 당 숙종은 견제의 충성심을 높이 평가하였다. 한때 반란군에 귀순했던 신료들을 줄지어 서게 한 후 차례로 견제에게 인사를 하도록 하였다. 반역의 수치심을 심어 주기 위함이었다.

권고와 견제 두 사람은 《신당서(新唐書)》〈탁행전(卓行傳)〉에 수록되어 높은 평가를 받았다. 그들의 이름은 천추만대로 전하여져 영원히 빛날 것이다. 그런데 원정 부자(父子)에 대해서는 그들처럼 중요하게 다루지 않았다.

원정은 하남(河南) 절도사(節度使) 최광원(崔光遠)의 수하로 있었다. 사사명(史思明)이 낙양을 함락했을 때 원정은 부친을 산속으로 피난시켰다. 원정의 성망이 이만저만이 아닌지라 반란군들은 사방에 사람을 보내어 그를 찾았다. 이제 더는 피할 수 없음을 판단한 원정이 동생을 불렀다.

"반역자가 주는 봉록으로 가솔을 먹여 살릴 수는 없다. 역적이 나를 찾는 것은 나의 명성을 빌려 반역을 합리화하기 위한 것이다. 충의와 절개를 잃지 않는다면 내가 역적의 손에 죽더라도 산 것과 마찬가지로 사람들의 존경을 받을 것이다."

반역군들은 끝내 원정을 찾아냈다. 그러고는 높은 직위와 후한 상금으로 그를 유혹하였다. 그러나 원정은 역적의 유혹에 조금도 흔들리지 않고 충신으로서의 대의명분을 지켰다. 역적은 그의 마음을 돌릴 수 없다고 판단하고 원정 형제를 죽여 버렸다. 원정의 부친이 두 아들의 소식을 듣고 비통함을 참지 못하여 음독자살을 하고 말았다. 길 가는 행인들도 그들의 이야기를 듣고는 모두 애통함에 잠겨 흐느꼈다.

안사의 난을 평정한 뒤 황제가 칙명을 내려 천하의 충신을 조사하여 올리도록 하였다. 당시 모두 11개 성씨를 가진 집에서 역적의 위압에도 눌리지 않고 당당히 충정의 절개를 보여 주었다. 그중 원정이 제1인자로 뽑혔다. 권고와 견제는 원정과 마찬가지로 죽은 뒤 모두 비서소감(秘書少監)으로 추증되었다.

권고와 견제는 비록 많은 시련을 받았고 어려움을 헤쳐 나왔지만, 그래도 목숨은 잃지 않았다. 하지만 원정은 대의충정을 위해 목숨도 아까워하지 않았다. 그런데도《신당서》는 원정을 〈충의(忠義)〉나 〈탁행(卓行)〉에 올리지 않고 그를 다만 별첨한 〈문예(文藝)〉편에 올렸다. 그것도 원정의 조부 원만경(元萬頃)의 전기 뒤에 부록 식으로 기록하였다. 그뿐만이 아니다. 사마광의《자치통감》도 원정 부자의 일은 기재하지 않았다. 때문에 후세 사람들은 원정의 이름을 잘 모르고 있다. 어쩌면 이는 후세 사람들로 하여금 분노를 자아내게 할지도 모르는 일이라고 하겠다.

할 말과 못할 말을 가리지 못하면 큰 화를 당한다

역사책을 두루 섭렵하다 보면 말조심을 하지 않아 억울하게 죽임을 당한 예가 너무도 많다. 특히 한(漢)의 경우가 그렇다.

한나라 대신 경방(京房)은 한 원제(元帝)가 매우 신임하는 충신이었다. 그는 더욱이 역학에 정통하여 64괘를 얼음에 박 밀듯 줄줄 풀었다. 그는 자주 원제와 함께 길흉화복(吉凶禍福)을 담론하였고 고사를 이야기하였다. 경방은 이법(吏法)을 강조하면서 이(吏)에 따라 나라를 다스려야 한다는 것을 주장하였다.

하루는 그가 원제에게《춘추(春秋)》에 관한 이야기를 하였다.
"《춘추(春秋)》에 242가지 재앙에 관한 기록이 있사옵니다. 이것은 후세 군주(君主)들에게 좋은 계율이 되었사옵니다. 그런데 지금 폐하의 처지가 좋지 못하옵니다. 폐하께서 즉위한 뒤로 해와 달이

빛을 잃고 별이 역행하고 있사옵니다. 산들이 느닷없이 무너져 돌사태가 나고 지진이 일어나 뜨거운 돌물이 산천을 태우고 있사옵니다.《춘추》의 재앙설에 따르면 이것은 결코 좋은 징조가 아니옵니다."

원제가 물었다.

"그건 웬 말이오?"

경방이 직언하며 대답하였다.

"폐하의 성은은 망극하옵니다. 다만 간신이 너무 날뛰기 때문에 하늘이 노한 것이옵니다."

경방이 간신으로 지목한 자는 석현(石顯)이다. 석현은 당시 중서랑(中書郎)으로 있었다. 그는 막강한 권력을 휘두르고 당파를 만들어 자기 세력을 단단히 굳히고 있었다. 뭇 신료들은 석현의 처사를 매우 못마땅하게 여겼다. 그러나 그의 권세에 눌려 누구 하나 감히 그를 건드리지도 못 했다.

당시 회양왕(淮陽王)의 외삼촌은 장박(張博)이었다. 장박은 경방과 절친한 사이였다. 장박이 경방에게 한 가지 청탁을 건넸다.

"회양왕은 총명함이 남다르네. 그는 앞으로 큰 사람이 될 거네. 형편을 보아 가며 도성에서 한 자리를 챙겨 주게."

경방은 이 청탁에 조건부를 달았다.

"그야 별로 어려운 일이 아닐세. 단 회양왕이 폐하께 이법(吏法)을 과거시험에 출제해야 한다고 진언을 올리도록 하게. 그래야 간신들이 날치기를 못하게 되네. 설사 폐하께서 허락하지 않더라도 회양왕의 면목이 서는 게 아니겠는가? 그리고 승상과 중서랑의 적임자를 새로 고려해 달라는 진언을 올릴 수도 있고……."

그런데 경방은 이 일을 대수롭게 생각하지 않고 그만 어사대부(御史大夫) 정홍(鄭弘)에게 모두 말해 버렸다. 정홍도 이 일을 별로 심각하게 생각하지 않은지라 여기저기 소문을 냈다.

중서랑 석현이 마침내 이 소문을 듣게 되었다. 그는 즉시 원제에게 청원서를 올렸다. 경방, 장박, 회양왕, 정홍 등 네 사람이 조정을 비방하고 사당(私黨)을 묶어 반역을 꾀한다는 내용이었다.

석현의 간서를 본 원제는 식은땀을 쭉 흘렸다. 잘못했다간 큰일 날 뻔했다며 즉시 그 네 사람을 구속시켰다. 그리고 신속히 입건 처리하도록 칙서를 내렸다. 그 결과 경방과 장박은 목숨을 잃게 되었고 정홍은 서민으로 강등되었다.

한(漢) 성제(成帝) 때 왕봉(王鳳, 성제의 외삼촌)이 정권을 쥐고 있었다. 한나라의 조정대사를 모두 관장하는 그의 권세는 실로 막강하였다. 뭇 신료들은 모두 그의 눈치를 보며 그의 비위를 맞추었다. 하지만 유독 사예교위(司隸校尉) 왕장(王章)만은 그를 곱게 보지 않았다. 왕장은 성격이 곧고 강직하며 진솔하였다. 그는 권세에 아부하지 않았고 그 누구의 비위를 맞추려고도 하지 않았다. 그는 여러 번 성제에게 사예교위 왕봉을 탄핵해야 한다고 간언하였다. 그리고 다른 신료들 앞에서도 언제나 자신의 견해를 속이지 않았다. 이렇게 되자 사예교위 왕장의 일거일동은 왕봉에게 모두 전달되었다. 자기를 탄핵하려 한 왕장을 괘씸하게 여긴 왕봉은 구실을 대고 그를 잡아 투옥시킨 후 얼마 뒤 그를 반역죄로 처단하였다.

이와 같이 입을 섣불리 놀려 권세가의 마수에 걸려든 사람들은 거의 다 살아남지 못했다. 그러나 예외도 있었다.

한(漢) 선제(宣帝) 때의 하후승(夏侯勝)은 행운아였다고 하겠다. 하후승은 간의대부급사중(諫議大夫給事中)이라는 관직에 있었다. 그는 겉치레 같은 데는 별로 신경을 쓰지 않았다. 성격도 대범하고 모든 일에 달관하였다. 그런데 때로는 황제가 그에게 들려준 궁궐 내부의 이런저런 이야기를 여기저기에 소문을 내었다. 이를 선제는 매우 언짢아하며 때로는 그를 꾸중했다.

"이런 말은 다른 데서 입 밖에 낼 말이 아니라는 것을 그대는 모르는가! 다시 함부로 혓바닥을 놀렸다간 모가지가 달아날 줄 알게,

명심하게나!"

선제의 꾸중을 듣고 난 후부터 하후승은 말조심에 아주 신경을 썼다. 덕분에 그는 목을 온전히 보존할 수 있었다.

공을 이룬 사람들이여, 시기하는 무리를 조심하라!

전국시대 연(燕)나라 소왕(昭王)은 국정이 극도로 혼잡할 때 즉위하였다. 소왕은 한때 인재를 널리 등용하고 명장을 중히 여겼으므로 명장 악의(樂毅) 등이 다투어 그의 수하에 들어왔다. 28년간의 고군분투와 국력 강화를 통해 연나라는 강국이 되었다. 기원전 284년 연나라는 한(漢)·조(趙)·위(魏)·진(秦)·초(楚) 등 5개국과 연합하여 동방의 대적인 제(齊)나라를 대거 토벌하였다.

악의가 군대를 잘 인솔하여 먼저 제나라의 수도인 임치(臨淄, 오늘날의 산동성 임치)를 점령하였다. 그때 황망히 도성을 빠져나와 도망가던 제민왕(齊湣王)은 곧바로 생포되어 피살되고 제나라는 거(莒, 오늘날의 산동성 거현), 즉묵(卽墨, 오늘날의 산동성 평도현)을 제외한 70여 개 성읍이 모두 함락되어 연나라의 군과 현으로 편성되었다.

기원전 279년에 연의 소왕이 죽자 그의 아들 혜왕(惠王)이 즉위하였다. 이때 제나라 즉묵 사람들은 전단(田單)을 지방 수령으로 추대하였다. 그러자 전단은 교묘한 이간계를 써서 지략이 모자라는 기겁(騎劫)을 명장인 악의와 대체하도록 하였다. 그러고는 기겁이 해이해 있는 틈을 타서 화우진(火牛陣)으로 습격하여 연나라 군대를 대패시켰다. 나아가 전단은 계속 공격을 가하여 파죽지세로 연나라 군대를 내몰았다. 결국 전단은 잃었던 제나라의 땅을 모두 되찾았고 제양왕(齊襄王)을 맞아들이게 되었다. 전단은 자기 군대의 혁혁한 군공에 힘입어 재상이 되었다. 그리고 제나라 양공은 그를 평안군에 봉했다.

그러한 전단의 자리를 탐내어 제나라 양왕의 수하에 있던 아홉명의 대신들은 그를 암암리에 질투하게 되었다. 그들은 양왕에게 '조만간 전단이 왕권을 찬탈하려 한다'며 전단을 모함하기 시작했다. 이에 양왕은 반신반의하면서 닷새 동안 계속해서 전단을 궁내로 입궐시켰다. 불길한 예감을 느낀 전단은 매번 궁궐에 들어올 때마다 죄수복을 입고 임금을 배알하였다. 그제야 양왕은 마음을 놓고 그를 사면하였다. 다행스러운 일은 후에 양왕이 충신인 초발(貂勃)의 상주를 받아들여 아홉 명의 간신들을 모조리 죽여 버렸다는 것이다. 이후로 전단의 재상 자리는 흔들리지 않았다.

진(晉)나라 효무제(孝武帝) 태원(太元) 8년 때의 일이다. 전진(前

秦)의 통치자인 부견(符堅)이 백만 대군을 이끌고 남하하여 동진에 진공하였다. 백만대군이 몰아 나가자 그 기세가 하늘을 찌를 듯했고, 채찍 소리가 울리는 곳에는 흐르는 물도 물길을 멈출 정도였다. 부견은 하루아침에 동진을 멸망시켜 버리겠다고 큰소리를 쳐 댔다. 그러자 동진의 상서박사 사안(謝安)이 풍전등화에 처한 나라를 구하기 위해 앞장서게 되었다. 정토대도독(征討大都督)이 된 사안은 겨우 8만밖에 되지 않는 군사를 인솔하여 비수에서 부견의 백만 대군과 마주쳤다. 그리고 그들을 보기 좋게 물리쳐 버렸다. 이것이 역사상 유명한 '비수의 싸움'이다. 전쟁사에서 혁혁한 기적의 한 페이지를 남긴 사안은 건창현공으로 봉해졌고 태보(太保)로 임명되었다.

사안의 사위인 왕국보(王國寶)의 인품은 그리 좋은 편이 아니었다. 그래서 사안은 사위인 왕국보를 곱게 보지 않았다. 이에 앙심을 품은 왕국보는 회계왕(會稽王) 사마도자(司馬道子)와 결탁하여 효무제 앞에서 사안을 헐뜯었다. 효무제는 그들의 참언을 그대로 믿고 사안을 궁정에서 내쫓아 버렸다.

그 후 사안은 지방 관리로 있다가 노년이 되어 중병에 걸리자 귀향하여 조용히 눈을 감았다. 나라를 구한 영웅의 말로치고는 참으로 딱하다 말하지 않을 수 없다.

모용수(慕容垂)는 전연(前燕) 태조(太祖)의 다섯째 아들이다. 용감무쌍하고 지략이 출중한 것은 오왕(吳王)을 그대로 본받은 것이었다. 기원 369년 동진(東晉) 대장 환온(桓溫)이 군사를 이끌고 전연(前燕)으로 대거 진공하였다. 환온은 매번 전연의 황제 모용위(慕容暐)의 대군을 격파했다. 이에 겁에 질린 모용위는 동진군을 막을 힘이 없다고 여기고 북쪽으로 돌아가려고 하였다. 이때 모용수가 적군의 진로를 차단하겠다고 나섰다. 과연 그는 적은 군사이지만 동진의 공격을 매번 무찔렀고 얼마 후에는 동진군을 일망타진하였다. 모용수의 용감한 의거가 있었기에 무너질 뻔했던 연나라의 궁궐은 무너지지 않았으며, 풍전등화에 처해 있던 전연은 다시 회생할 수 있었다.

그러나 태부(太傅) 모용평(慕容評)은 모용수의 공이 자기보다 더 눈부시고 혁혁한 것이 못내 가슴의 한이 되었다. 질투심에 사로잡힌 모용평이 모용수를 살해하려고 밀모하였다. 그러나 사전에 모용평의 밀모를 알게 된 모용수는 임금에게 자그마한 지방의 관리로 보내 달라고 청원하였다. 그런데 황제 모용위는 모용평의 모함을 믿고 군사를 파견하여 지방으로 내려가는 모용수를 추격하게 하였다.

궁지에 몰린 모용수는 부득불 전진(前秦)의 왕 부견에게 귀순해 버렸다. 모용위는 하늘을 떠받들고 있던 백옥석 기둥을 스스로 자른 꼴이 되었다. 몇 년 후 모용위의 전연은 부견에 의해 멸망되었고 그도 부견의 칼에 죽임을 당하고 말았다. 비록 자신을 버린 나라이지만 연나라가 망한 것을 비통하게 여긴 모용수는 부견의 수하에서 벗어나 스스로 황제가 되어 부견과 천하를 다투게 되었다. 그 나라가 바로 후연(後燕)이었는데, 모용수의 영도 아래 한때 제법 강대한 국력을 자랑하기도 했다.

모용수보다 말로가 더 처참한 사람이 있었다. 바로 이성(李晟)이라는 사람이다. 당나라 덕종(德宗) 때의 일이다. 지방에서 일정한 병력을 갖고 있던 제후들은 조정의 영(令)을 제대로 받아들이지 않고 부친이 죽으면 아들이 그 정권을 계승하는 등 한 지역의 황제나 다름없이 행동하였다. 그리하여 덕종은 지방 세력의 사병들을 약화시키려고 했지만 잘못 건드렸다가는 그들이 단합하여 반란을 일으킬까 염려되어 주저하고 있었다. 그러자 지방의 할거 세력들은 오히려 덕종의 우유부단함을 얕잡아보고는 여기저기에서 반기를 들었다.

덕종은 이에 대응하기 위해 경원군(涇原軍)을 앞세워 반란군을 평정토록 했다. 그런데 경원군의 병사들도 장안(長安, 오늘날의 섬서

144

성 한중)에서 창끝을 되돌려 모반하고 말았다. 그러고는 주차를 황제로 추대하였다. 덕종은 봉천(奉天, 오늘날의 섬서성 건현)으로 쫓겨갔다가 다시 양주(梁州)로 행궁을 옮겼다. 이처럼 당의 조정이 다 허물어지면서 생존이 위태로울 때 한 맹장이 나타났는데, 그가 바로 이성이었다.

그는 병이 난 몸이면서도 가까스로 몸을 지탱하면서 군사를 통솔하여 반란군과 맞싸웠다. 그는 가는 곳마다 언제나 장병들의 사기를 충천시켰으며 반란군들을 차례차례 격파하였다. 충의로써 마음가짐을 가다듬고 있던 그는 전력투구하여 나라를 지켰던 것이다. 그리하여 이성은 마침내 장안을 수복하고 당덕종을 경성으로 맞아들이게 되었다. 이성은 그야말로 이씨들이 당나라 조정의 천하를 이어 가는 데 혁혁한 전공을 세운 일인자였다.

그런데 당시 권신 장정상(張廷賞)이 국정을 쥐고 있었다. 그는 이성과 갈등이 있는 사람이었다. 장정상은 군권을 쥔 이성이 자신의 앞날에 커다란 장애가 될 것으로 보고 그를 두려워하게 되었다. 아니나 다를까 그는 덕종에게 이성의 비리를 간하였다.

"이성이 오랫동안 군권을 쥐고 있으므로 날로 그 위상이 높아져 황제를 앞지를 것이고, 그때가 되면 찬탈을 시도할 것입니다."

덕종은 이러한 장정상의 말을 곧이곧대로 믿고 이성의 모든 군권을 박탈해 버렸다. 청천벽력과도 같은 모함을 받은 이성은 울화를 풀 길이 없어 술로 나날을 보내다 소문도 없이 사라져 버렸다.

전단·사안·모용수·이성 등의 공신은 그 지략이 초인적이었으며, 그 충의는 초석과도 같았다. 그들은 국가의 흥망을 위해 자신의 안위를 고려하지 않고 사선에서 싸운 맹장들이었다. 그러나 때를 잘못 만나 혹은 현명치 못한 군주를 만나 모두 권력을 박탈당하고 목숨까지 빼앗긴 불우한 일생을 보내야 했다.

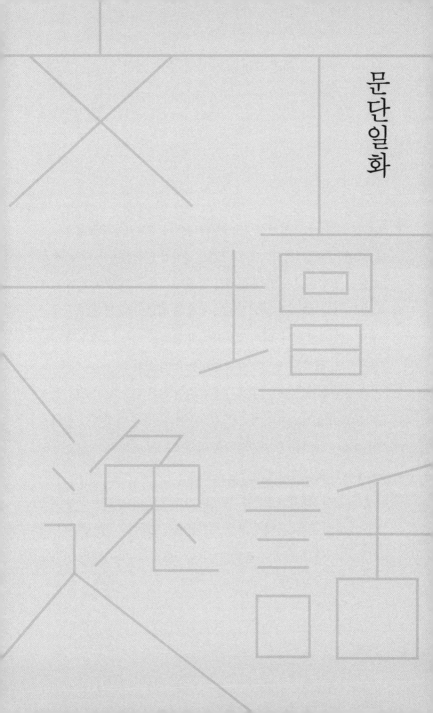

문단일화

웃음거리만 자아낸 주해 달기

《시경(詩經)》은 4서 5경 가운데 하나이다. 따라서 역대 문인들은 다투어 가며 《시경》을 애독하였다. 역사상 《시경》에 주해를 단 문인들은 많았다. 《시경》에 주해를 달고 해설을 쓴 사람이 많아 각자가 서로 다른 견해를 피력함으로써 문제 해명이 더 복잡하게 된 경우도 비일비재했다. 때론 갑론을박의 글들이 너무 많아 후세 사람들은 어느 해설을 따라야 할지 갈피를 잡기 어려울 정도이다.

후세 문인들은 《시서(詩序)》에 대하여 많은 의논을 하였다. 긍정과 부정이 엇갈리며 각자가 서로 자기의 주장을 역설하였다. 때로는 주해와 해설을 쓴 사람의 주관적인 판단이 전혀 이치에 맞지 않아 후세의 웃음거리가 되기도 하였다.

《시경》의 〈대서(大序)〉에 '은혜는 아래에도 미쳤다'란 말이 있는데, 이 말의 뜻은 '은혜가 하층 서민들에게도 미쳤다'는 뜻이다. 그리고 이어서 '부인의 은혜는 비천한 첩에까지 미쳐 함께 군주(君

主)를 섬기다'는 말이 있는데 이 말의 뜻은 '정실부인의 은혜는 신분이 비천한 첩에게도 미쳐 함께 임금을 섬긴다'라는 것이다. 그런데 모공(毛公)과 정현(鄭玄)은 이 구절의 직설적인 뜻에 따라 제멋대로 해설을 달았다. 즉 그는 이를 '신분이 비천한 첩들이 외로운 기러기인 듯 길에 올랐다. 새벽과 한밤에도 아랑곳하지 않고 임금의 별궁 곁을 떠나지 않는다. 그녀들은 지정된 순서에 따라 임금을 섬겼다'고 했다.

그래도 독자들이 해설문을 이해하지 못할까 봐 염려하여 다음과 같은 글을 달았다.

주(幬)란 침대의 휘장을 말한다. 즉 임금의 첩들은 한밤중에 별궁으로 찾아가 임금을 섬길 순서를 기다렸다. 그녀들은 이불과 침대 휘장을 준비해 들고 궁 밖에서 기다렸다.

정현이 말하는 '첩'이란 아마도 신분이 비천한 여인들이었을 것이다. 그녀들은 임금의 성적 향락을 위해 동원된 여성들일 것이다. 제후나 군주의 대궐에 있는 비자(妃子)나 첩들의 신분이 비록 미천하기는 하나, 그들의 신분은 향촌 야산의 시골 여인들에 비해서는 아주 고귀한 사람들이다. 그러한 그녀들이 이불이나 침상 휘장 따위를 손수 들고 다니며 군주를 섬기지는 않았을 것이다. 이불과 침상 휘장을 합치면 큰 짐이었기 때문이다. 그 큰 짐은 건장한 남자들도 챙겨들기 힘들다. 이러한 정현의 주해는 분명 사리에 어긋나는 해명이다.

또 정현이 《전(箋)》이란 책에서 펼친 견해는 너무나도 어처구니가 없다. 그가 《시경》 중에서 '밤을 도와 원정에 나선 사람들 / 이불을 들고 침상 휘장을 / 짊어졌다'란 구절을 해설한 것은 그야말로 웃음거리가 아닐 수 없다.

사실 이 구절은 원정에 나선 장병들을 노래한 것으로, 변경을 방어하는 임무에 나선 장병들의 어려움과 고생을 감내하는 애국정신을 노래한 것이다. 즉 '그들은 천막과 행장을 지고 풍찬노숙하면서 천리 변경을 순회하는데, 적막과 황폐함을 감내하면서 군주가 맡긴 책무에 전심한다'는 것이 옳은 해석이다.

《사기(史記)》의 살아 숨쉬는 필체

사마천(司馬遷)은 불후의 역작인 《사기(史記)》를 썼다. 이 책의 가치는 이루 형언할 수 없다. 만일 이 책의 깊은 뜻과 정교한 필치를 형언한다면 그것은 마치 해와 달의 영원히 지지 않는 찬란한 빛과 같다고 말할 수 있을 것이다. 아무리 좋은 찬사와 높은 평가를 쏟아붓는다 해도 《사기》의 진정한 극치를 이루 다 표현할 수는 없기 때문이다.

나는 《사기》의 〈위세가(魏世家)〉, 〈소진열전(蘇秦列傳)〉, 〈평원군열전(平原君列傳)〉, 〈노중련열전(魯仲連列傳)〉을 읽을 때마다 무릎을 치며 감탄을 금치 못했다. 사마천이 어쩌면 이렇게 훌륭한 글을 썼는지 상상할 수조차 없을 정도다.

〈위세가〉에 위(魏)나라의 공자(公子) 무기(無忌)와 위왕이 한(韓)나라의 일을 논의한 대목이 있다. 무기가 말하길,

"한나라는 위나라의 덕망에 탄복하고, 위나라를 두려워하며, 위나라를 중요하게 여기고, 위나라를 사랑하옵니다. 한나라는 위나라를 침범하지 않을 것이옵니다."

짧은 한마디에 위자를 다섯 번이나 반복했지만 오히려 그 묘미가 생생하게 살아나고 있는 것이다.

〈소진열전〉에는 다음과 같은 기록이 있다.

소진이 조(趙)나라의 숙후(肅侯)를 찾아가 유세하였다.

"화친하면 백성들의 평안을 얻게 되옵니다. 그러나 화친하지 않는다면 백성들의 불안을 초래하게 되옵니다. 제(齊)와 진(秦)이 서로 적이 되면 백성들은 평안을 잃게 되옵니다. 진의 힘을 빌려 제를 공격해도 백성들은 안녕을 잃게 되옵니다. 같은 도리로 제의 힘을 빌려 진을 공격해도 백성들은 안녕을 잃게 되옵니다."

〈평원군열전〉에는 다음과 같은 사례를 기록하였다.

진(秦)이 조나라의 도읍지 한단(邯鄲)을 포위하였다. 조나라의 평원군 조승(趙勝)이 초(楚)나라를 찾아가 원병을 청하기로 했다. 떠나기 전 20명의 수행원을 물색했다. 19명까지는 어렵지 않게 내정되었다. 이때 모수(毛遂)란 사람이 자진해서 수행원으로 가겠다고 하였다. 평원군이 그에게 물었다.

"선생은 이 사람의 문하생으로 몇 년이나 있었소?"

"3년이 되옵니다."

"이 사람의 문하로 3년이나 있었는데 이 사람은 어찌 선생의 명함을 듣지 못했을까요? 그리고 선생을 칭찬하는 사람도 없었소. 그러니 선생은 이 사람의 문하생이 아닌 셈이오. 선생은 수행할 수가 없소이다."

그래도 모수는 함께 수행하겠다고 한사코 간청했다. 그러자 평원군이 마지못해 그를 수행시키기로 했다.

초왕을 찾아간 평원군은 아침부터 점심때까지 집요하게 설득했지만 초왕은 그의 요청을 거절했다. 이때 수행원들이 모수를 보내어 마지막으로 초왕을 다시 한 번 설득하기로 했다. 초왕을 만난 모수는 이해득실의 논리를 장황하게 설명했다. 화가 상투 끝까지 치민 초왕이 좌우에 명하여 모수를 내쫓게 하였다. 그러자 모수는 칼집에서 황급히 칼을 빼들고 초왕을 위협하여 꾸짖었다.

"나는 군주의 명을 받고 온 사절인데 어찌 이처럼 무례하게 대하옵니까?"

모수는 낯색 하나 변하지 않고 초·조 연맹의 필요성을 다시 한 번 강조했다. 초왕은 모수의 강요를 견디지 못하고 초·조 연맹을 수용하였다. 모수는 그래도 마음이 놓이지 않아 혈주(血酒)를 마시자고 제안하였다. 그리고 그 즉시 원군을 파병하도록 명을 내리게 하였다.

모수는 왼손에 피를 섞은 혈주를 들고 다른 19명의 수행원을 불러 궁전 계단 아래서 혈주를 마시는 광경을 보도록 하였다.

모수가 태연자약한 영웅의 풍모를 보여 준 이 대목은《사기》의 절묘한 필치를 통해 수천 년 후인 지금에도 그 장면을 생생하게 살려 내고 있다. 사마천이라는 대가의 필법에 저절로 감탄할 수밖에 없다. 결국 모수는 자신의 기지와 용맹으로 평원군을 도와 초나라와 연맹을 맺게 했던 것이다.

조나라로 돌아온 평원군은 감격을 금치 못했다. 그리하여 다음과 같이 말하였다.

"이 사람은 선생의 덕망에 비길 바가 없습니다. 이 사람의 덕망에 따르는 사람이 천여 명, 적어도 수백 명은 됩니다. 그러나 이젠 선생의 높은 덕망을 따를 것입니다. 모 선생이 초나라에서 보여 준 기개와 풍모가 있었기에 우리 조나라의 위상이 한결 격상되었습니다. 모 선생의 세치 혀는 백만 대군의 위력에 못지않습니다. 이 사람은 선생의 덕망에 비길 바가 아닙니다."

〈노중련열전〉의 한 대목을 보기로 하자.

장평(長平) 대전에서 진군(秦軍)은 40만의 조군(趙軍)을 대패시키고 수도인 한단을 포위하였다. 그러자 위(魏)나라의 세객(說客) 신원연(辛垣衍)이 진왕을 황제로 모시는 편이 좋겠다고 조왕에게 진언하였다. 그래야만 포위를 풀어 줄 것이라고 했다. 그때 평원군도 결단을 내리지 못하고 고심하고 있었다. 이때 노중련이 평원군을 찾아왔다.

"일이 어떻게 되었사옵니까?"

"이 사람도 우유부단일세그려. 위나라 세객이 주상마마께 진나라를 섬기는 것이 좋을 것이라고 진언하였다네. 그 세객은 아직도 궁중에 있는데, 지금 어찌 이 사람이 진언을 올리겠나."

그러자 노중련이 불평을 했다.

"저는 대감이 천하에서 현명한 사람이라고 믿었사옵니다. 그러나 오늘 대감도 그저 평범한 사람이란 걸 알게 되었사옵니다. 위나라의 세객이 어디에 거처하고 있사옵니까?"

노중련은 신원연을 만나 한바탕 훈계하려 하였던 것이다. 이를 알고 평원군은 신원연을 찾아가 다음과 같이 말했다.

"동국에 노중련 선생이란 분이 계십니다. 제가 알아서 장군과 면담케 하겠습니다."

신원연이 말했다.

"노중련이란 사람은 원래 제(齊)나라의 명사가 아닙니까? 그런데 저는 위나라의 신하입니다. 그를 만날 의향이 없습니다."

하지만 평원군이 중간에서 잘 중개하여 노중련이 신원연을 만날 수가 있었다. 신원연이 단도직입적으로 빈정거렸다.

"지금 진나라에 포위된 이 성안의 사람들은 모두 평원군에게 부탁을 드리는 걸로 알고 있습니다. 지금 선생의 옥모(玉貌)를 보니 과연 평원군에게 부탁할 만하다는 것을 알게 됐습니다."

노중련은 그의 말에는 정면으로 대답하지 않고 본론을 펼쳤다. 청산유수로 사리를 설명한 노중련의 재치 있는 웅변은 마침내 신원연을 설득시킬 수가 있었다. 신원연은 진나라에 투항해야 한다는 주장을 포기하고 조나라와 함께 진나라에 대항하는 데 동의했다. 회담이 끝날 때 신원연이 말했다.

"사실 저는 처음에 선생을 그저 평범한 사람으로 여겼습니다. 알고 보니 선생이야말로 천하의 대선비입니다."

상기한 몇 가지 사례에서 볼 수 있듯이 《사기》의 기술이 중복되고 장황히 늘어놓은 것 같지만 그 필치는 마치 천군만마가 천 길 낭떠러지를 뛰어내리는 듯이 거침없이 독서삼매의 경지로 이끌고 있음을 알 수 있다. 사마천의 필치는 기세가 충천하는 묘미를 보여준다.

《사기》의 기술은 마치 봄바람이 물결을 스쳐 지나가며 파도를 일게 하는 것처럼 자연스럽고 유창하며 시원하다. 그는 정말 천하 제일의 고수라고 할 수 있다.

인재(人災)에 의해 수많은 서적이 불타다

양(梁)나라의 원제(元帝)가 강릉(江陵, 지금의 호북성 강릉시)에 있을 때 고금의 도서 14만 권을 수집하여 갖고 있었다. 그러나 양나라가 멸망하게 되자 장서를 모조리 불태워 버렸다. 수(隋)나라 때 가칙전(嘉則殿)의 장서는 무려 37만 권에 이르렀다. 당나라 군이 왕세충(王世充)을 격파하고 동도 낙양에서 이 책을 모두 인수하였다. 그런데 이 책을 배에 싣고 황하를 건널 때 그만 배가 뒤집히는 바람에 그 많은 책이 몽땅 황하에 가라앉고 말았다. 그 지역이 하남섬현(河南陝縣) 동북쪽 일대이다.

당나라 정관(貞觀)·개원(開元) 연간에 글씨를 잘 쓰는 천하의 선비를 모집하여 도서를 정리케 하였다. 그때 장안(長安)과 낙양의 도서는 거의 다 수집되었다. 그 뒤 안녹산(安祿山)의 반란이 일어나자, 도읍을 점령한 안녹산은 서적을 모조리 불살라 버렸다.

당나라 대종(代宗)과 문종(文宗) 때 조정에서 다시 어명을 내려

각지의 도서를 수집하도록 하였다. 수집된 도서는 12개 서고에 분류하여 장서하였다. 그러나 당나라 말기에 황소(黃巢)의 난이 일어나자 수장 도서는 또 액운을 면치 못했다. 요행히 보전된 책은 불과 몇 천 권에 지나지 않았다. 당나라 소종(昭宗) 때 조정에서는 다시 여러 경로를 통해 도서를 구입·수집하였다. 그런데 그는 낙양으로 도읍을 옮길 때 그 책들을 모두 버렸다. 지금 한(漢)·수(隋)·당(唐)의《경적(經籍)》〈예문지(藝文志)〉를 읽는 사람 중에서 도서가 당한 액운에 대하여 탄식하지 않는 사람이 없다.

조이도(晁以道)가 본조(즉 송조)의 재상 왕문강(王文康)을 도와 주(周)나라 세종(世宗) 때의 역사를 기록할 때만 해도, 당나라 때의 옛 서적을 많이 참고하였다. 그런데 지금 그의 후손들은 그때 그 책이 어디 갔는지조차 모른다.

이문정(李文正)이라는 사람이 많은 도서를 소장하였다. 이문정은 학교까지 세워 많은 사대부들에게 글을 가르쳤다. 그는 문하로 찾아오는 사대부들이 말에서 내려 대문에 들어서자마자 직접 학교로 가서 책을 읽게 하였다. 자기에게는 늦게 인사해도 괜찮다고 하였던 것이다. 더구나 그는 매일 문하생들에게 고기와 음식을 챙겨 주었으며 좋은 일이 있으면 함께 즐겼다. 이문정의 명성은 인근에 널리 전해졌다. 그러나 지금 그의 옛집은 집터만 남아 있고 깨

진 기왓장만 여기저기 뒹굴고 있다. 그때 수집한 책들이 모두 어디로 흘러 나갔는지 아는 사람이 없다.

북송(北宋) 시대 송선헌(宋宣獻)은 필문간(畢文簡)·양문장(梁文莊) 두 집에서 소장한 것까지 포함하여 많은 책을 소장했다. 그가 소장한 책은 그 어느 관청에서 소장한 것 못지않게 많았다. 그러나 송나라 철종(哲宗) 원부(元符) 연간에 한 차례 불이 일어나서 그 많은 책이 하룻밤 사이에 잿더미가 되고 말았다.

조이도는 자기네 집은 5대에 걸쳐 책을 수집했다고 말한 적이 있다. 비록 송선헌이 수집한 것보다도 더 많다고 장담할 수는 없겠지만 도서에 대한 교열과 감수는 송선헌보다 더 자신 있다고 말했다. 그러던 그의 책도 송나라 휘종(徽宗) 정화(政和) 4년(1114년) 겨울 한 차례 큰불이 일어나 재가 되고 말았다.

여산(廬山) 북쪽에 유장여(劉莊與)란 사람이 살고 있었다. 그의 조부 유응지(劉凝之) 때부터 후손들에게 물려준 유산은 책밖에 없었다. 그런데 그 집에서 소장했던 책도 지금은 어디 갔는지 찾을 길이 없다.

이처럼 고금의 역사를 보면 도서의 운명은 실로 비참하기 짝이 없다고 하겠다. 조정에서 선화전(宣和殿)·태청루(太淸樓)·용도각

160

(龍圖閣) 등에 소장한 책들도 정강(靖康)의 난 때 액운을 면할 수 없었다. 그리고 그나마 얼마 남지 않은 책도 모두 금(金)나라로 실려 갔다. 금나라에서는 그때 노획한 도서를 비서성(秘書城)에 보존하였다.

문맹이 시를 짓다

남조(南朝) 시대 남송(南宋)의 효무제(孝武帝)는 대규모 국가 연회를 열어 문무 대신들을 모두 한 자리에 청하였다. 술이 몇 순배 돌자 주흥이 도도한 효무제가 신료들에게 명하여 시를 짓도록 하였다. 매일 글과 씨름하는 문관들은 어려울 것 없다는 듯이 즉석에서 시를 지어 읊었다. 그런데 낫 놓고 기역자도 모르는 무관들은 어찌할 바를 몰랐다.

그중 심경지(沈慶之)란 대신은 일자무식인 문맹이었다. 한평생 한 글자도 써 보지 못한 그가 시를 지어 읊을 때가 되었다. 그는 자기는 일자무식이어서 정말로 시를 지을 줄 모른다고 이실직고하였다. 그러나 취흥이 오를 대로 오른 황제는 막무가내로 즉흥시를 지어 읊어야 한다고 했다. 심경지는 황제의 명을 거역할 수가 없다. 그리하여 다음과 같이 청을 올렸다.

"황은이 망극하옵나이다. 소신은 글을 쓸 줄 모르오니 직접 즉흥

시를 읊겠사옵니다. 안사백(顏師伯)께서 집필하여 기록하여도 괜찮겠사옵니까"

그러자 황제가 고개를 끄덕여 허락하였다. 그리하여 언사백은 기록을 했고 심경지는 즉흥시를 읊었다.

　　비천한 소생에게 행운이 깃들어
　　시류를 타고 복을 많이 받았네
　　이젠 늙고 기력이 다했건만
　　아직도 남산을 오르내릴 수 있다네
　　이 영광은 모두가 폐하의 은덕이오니
　　장자방(張子房)이 누구냐 그도 부럽지 않네

심경지의 시를 듣고 난 황제는 기뻐서 칭찬을 아끼지 않았다. 다른 문무 신료들도 박수를 치며 대단하다고 그를 치켜 주었다. 내용도 좋거니와 시맥도 잘 통하였기 때문이다.

남조(南朝)시대 양(梁)나라의 대장군 조경종(曹景宗)이 위군(魏軍)의 침략을 격파하고 개선장군이 되어 귀경하였다. 양나라 무제(武帝)는 그 즉시 연회를 베풀어 조경종의 수하 장군들을 모두 초

청하였다. 술기운이 오른 무제가 기분이 좋아지자 뭇 신료들에게 명하여 대구를 지어 보도록 하였다. 유명한 문인 심약(沈約)이 운을 떼우면 그 운에 맞춰 대구를 짓도록 하였다. 조경종은 황제가 자기에게 대구의 운을 떼우게 하지 않은 것이 불만스러웠다. 그는 얼굴이 붉으락푸르락해서 황제에게 자기가 먼저 운을 떼우겠다고 자청했다. 그러자 무제가 그를 다독거렸다.

"경의 재능은 여러 가지가 있고, 생김새도 준수하며 병법에도 능하지 않은가. 왜 하필이면 시 같은 문인들의 일에까지 신경을 쓰는가?"

조경종은 이미 거나하게 만취한 터라 황제의 권유도 받아들이지 아니하였다. 그는 기어코 자기가 먼저 대구의 운을 떼우겠다고 고집했다. 무제는 그의 취태를 보다 못해 그 요청을 들어주었다. 이때는 이미 웬만한 운은 거의 다 쓴 상황이었다. 나머지 운은 경(競)과 병(病) 두 글자만이 있었다. 그러나 조경종이 붓을 들더니 일휘지로 대구를 지었다.

떠날 때는 딸애의 근심이 태산 같더니
개선하니 다투어 북을 치며 반겨 주네
묻노니 오고가는 길손이여

무제가 듣고 나더니 조경종은 과연 문무가 다 능통하다고 칭찬하였다. 어려운 운을 맞춰 즉흥시를 지은 조경종의 재간에는 시문으로 유명한 심약마저도 감탄을 금치 못했다 한다.

그러나 내가 보건대 심경지나 조경종이 그처럼 좋은 시를 지었을 리는 없다고 본다. 이는 모두 후세의 문인들이 이야기를 만들기 위해 엮어 낸 것에 불과할 것이다.

시인 도연명, 담백과 청빈의 삶을 살다 가다

도연명(陶淵明)은 사회가 아주 어지러운 시절인 동진(東晉)시대의 대문호이다. 정치가이며 문학가인 그는 관직에 있을 때도 청렴하고 소박했다. 그의 문학적 조예는 당조에 비길 사람이 없었다. 그는 성품이 고결하고 생활이 청빈하며, 인성이 질박하고 우아하여 진(晉)·송(宋)나라에서는 그와 비견할 사람이 없었다. 그러한 그의 생활의 여러 면은 그가 남긴 시편을 통해 엿볼 수가 있다.

생활이 아주 어려울 때는 쌀독이 텅텅 빌 때도 자주 있었다. 한두 끼쯤 굶기는 예사였다. 날씨가 쌀쌀하고 추워도 그가 입고 있는 옷은 넝마였고 신고 있는 신발은 손수 엮은 짚신이었다. 그가 거처하고 있는 집에 가구는 거의 없었다. 낡고 헌 초가집은 비가 오면 비가 새고 바람이 불면 바람이 들어왔다. 그가 얼마나 곤궁하고 검소한 생활을 했는가를 알려 주는 단면이다.

그는 가서(家書)《여자엄등소(與子儼等疏)》에서 이렇게 썼다.

입에 풀칠할 무 한 조각이라도 집에 있다면 얼마나 좋으랴!

이처럼 궁핍한 생활을 감내한 도연명은 자식들에게 인생의 대의를 지킬 줄 아는 사람이 되어야 한다며 다음과 같이 교육했다.

너희들 형제는 비록 한날한시에 태어나지는 않았지만 모두 나의 수족 같은 형제이다. 너희들은 이 세상 모든 사람들이 다 형제라고 생각하여라. 이것이 인생의 대의니라. 옛날 관중(管仲)과 포숙아(鮑叔牙)는 비록 친형제는 아니지만 어려움 속에서 우정을 맺었다. 성씨가 서로 다른 그들이 함께 고락을 나누었거늘 친형제인 너희들은 그들보다도 더 사이좋게 지내고 어려움을 함께 이겨 내야 하니라.

도연명이 지은 〈아들을 꾸중하노라〉란 시에 '웅·단은 나이 열셋이다'란 말이 있다. 그렇다면 이 두 아들은 이복형제일 가능성이 많다. 도연명이 자식들에게 가훈으로 써 준 글은 이들 이복형제도 포괄되어 있을 것이다.

도연명은 한때 팽택령(彭澤令)으로 있었다. 당시 동진 조정에서는 지방 관리들에게 땅을 얼마쯤 나눠 주도록 규정하였다. 국록이 모자라는 부분을 충당하도록 하여 생활의 궁핍을 풀도록 한 것이다. 도연명은 애주가였다. 그는 자기가 부여받은 관전(官田)에다 모두 찰벼를 심어 술을 빚도록 하였다. 그는 자주 주변 사람들에게 "나는 달리 바라는 것이 없지요. 술이나 맘 놓고 마시면 족합니다." 라고 말하였다.

그의 아내가 그 관전에 벼를 다 심을 것이 아니라 수수도 좀 심어 가내 식량으로 충당해야 한다고 하자, 도연명은 마지못해 250무(畝, 1무는 약 30평)에다 찰벼를 심고 나머지 손바닥만 한 50무에만 수수를 심도록 했다.

어쨌든 도연명과 수하 사람들은 씨를 뿌리고 열심히 가꿔 결실의 날만을 기다리고 있었다. 그런데 이때 도연명이 관직을 사임하게 되었다. 그 결과 애써 지은 농사는 그대로 남의 손에 들어가게 되었으니 참으로 유감스러운 일이 아닐 수 없었다.

이때부터 도연명은 '새벽이면 일어나 황무지를 일구고 / 밤늦도록 달빛 아래 호미 메고 귀가'하는 은거 생활을 시작하였던 것이다.

묘비의 명문은 글자마다 금값이로세

다른 사람의 글을 대행하고 돈을 받는 일이 남조 동진(東晉) 때부터 있었다. 당(唐)나라에 와서는 이것이 널리 성행하였다.

《이옹전(李邕傳)》에 이런 이야기가 실려 있다.

"이옹은 묘지명의 송사(頌辭)를 남보다 썩 잘 지었다. 조정의 대신이나 관리, 그리고 전국 각지의 사찰이나 도관(道觀)의 승려나 도사들이 금붙이나 비단 명주 등을 들고 다투어 이옹을 찾았다. 송사를 대필해 달라는 것이었다. 그리하여 이옹이 남의 묘지명 송사를 대필해 준 것이 수백 편에 달했다. 그가 받은 대필료도 얼마나 많은지 이루 헤아릴 수 없을 정도다. 하여튼 자고이래로 글을 써서 이옹만큼 큰돈을 번 사람은 없다는 정론이다."

이를 두고 두보가 시를 지었다.

　　그(이옹)를 찾는 사람이 문전성시를 이루었고

그가 만든 묘지판이 집 네 채에 차 넘치네
화려한 집은 산호로 문고리를 만들었고
눈부신 주단은 기린으로 수놓았네

두보는 또 〈송곡사육관시(送斛斯六官詩)〉에서도 이옹의 처사를
꾸짖고 있다.

옛 사람들이 동진으로 찾아갈 때
묘비 송사를 지어 달라고 금과 은을 들고 갔네
글을 지어 팔아 돈을 받았다니
듣기만 해도 구역질이 나네

한유(韓愈)는 〈평회서비(平淮西碑)〉를 썼다. 당나라 헌종(憲宗)은
이 비문을 한굉(韓宏)에게 하사하였다. 한굉은 황제로부터 이를 받
자 한유에게 비단 500필을 보냈다. 이런 한유가 왕용(王用)의 묘지
송사를 지어 주었다. 그러자 왕용의 아들이 그에게 금으로 만든 말
안장과 백옥 띠를 주었다. 이를 보고 유의(劉義)가 한유의 집에서
금붙이 몇 개를 가져갈 때 이런 말을 하였다.
"이 금붙이야 무덤 속에 묻힌 죽은 사람을 칭송하고 얻은 것이

아니오? 이 사람한테 선물로 주는 것이 어떻소?"

한유는 못내 언짢았지만 그렇다고 못 가져가게 할 수도 없었다.

유우석(劉禹錫)이 한유를 기념하는 글에 '공은 많은 묘지명을 써 주어 산길에 묘비를 세웠으니 그 글씨 하나하나가 그대로 금산(金山)이로다'라고 썼다.

황보식(皇甫湜)이 배도(裴度)에게 〈복선사비(福先寺碑)〉를 써 주었다. 배도는 황보식에게 많은 비단과 말, 그리고 차를 감사의 뜻으로 보내 주었다. 그래도 황보식은 눈에 차지 않았다.

"비문은 모두 3천 자일세. 한 자의 값을 비단 세 필이라 할 때 이건 너무 적지 않소?"

배도가 그 즉시 비단 9천 필을 더 보냈다. 황보식은 그제야 얼굴에 웃음기를 띠었다.

당나라 목종(穆宗)이 소면(蕭俛)에게 명하여 왕사진(王士眞)의 묘지명을 쓰도록 했다. 소면은 이를 사절하였다.

"왕사진은 그렇다 하더라도 그의 아들 왕승종(王承宗)에 대해서는 정말로 쓸 생각이 없사옵니다. 만일 소신이 묘지명을 썼다고 하십시다. 그 묘지명을 조정에 바치면 폐하께서는 제게 상을 내리실 것이옵니다. 폐하의 하사품을 소신은 거역할 수 없사옵니다. 이렇게 되면 소신의 평소 뜻과 어긋나게 되옵니다. 폐하께서 널리 살펴 주시옵소서."

당나라 문종(文宗) 때 도읍인 장안(長安, 지금의 섬서성 서안시) 성내에 묘지명을 대필해 주는 사람이 많았다. 마치 장사하는 것처럼 한 글자에 얼마씩이라고 값을 정하고 비문을 지어 주었다. 조정의 고위급 관직에 있는 사람이나 황제의 총애를 받는 환관이 죽게 되면 그 집은 문전성시를 이루었다. 다투어 묘지명을 써 주겠다는 사람들이 구름처럼 모이기 때문이다. 그들은 서로 자기의 필치가 좋고 문장이 좋다며 언성을 높였다. 초상난 집에서는 그들을 밀어낼 수가 없어 신경을 써야 할 정도였다.

배균(裴均)의 아들이 비단 1만 필을 들고 위관지(韋貫之)를 찾아 뵈었다. 부친의 묘지명을 써 달라고 부탁하기 위해서였다. 그러나 위관지는 그의 청탁을 받아들이지 않았다.
"이 사람은 굶어 죽을지언정 글을 팔지는 않소이다."

백거이(白居易)의 〈수향산사기(修香山寺記)〉에 다음과 같은 내용이 있다.

나와 원미지(元微之)는 막역한 생사교우(生死交友)이다. 미지가 임종 때 나에게 비문을 써 달라는 부탁을 하였다. 얼마 뒤 원씨네 집에서는 그 집의 머슴, 차와 말, 말안장과 옥띠, 그리고 금은붙이와 비단 명주 등 6, 70만 냥에 이르는 재물을 나에게 주겠다고 하였다. 묘지명을 쓴 사례라는 것이었다. 나는 평소 미지와 절친한 친구이다. 이런 사이에 어찌 사례비를 받을 수 있겠는가! 나는 그들이 보내 온 물건들을 모두 되돌려주었다. 그 집에서는 사례를 받지 않으면 결례라며 또 보내 왔다. 이렇게 여러 번 물건을 보내 왔고 되돌려주었다. 나중에 그들의 성의를 저버릴 수 없어 할 수 없이 사례비를 받았다. 나는 그들이 보내 온 사례금을 모두 향산사(香山寺)에 기증하였다. 이는 기실 모두 원미지의 공덕이라 해야 한다.

유빈(柳玭)의 서예는 아주 출중하였다. 어느 날 어사대부(御史大夫)로 있던 그가 경질되어 노주(瀘州, 오늘의 사천성 노주시) 자사로 내려갔다. 그러자 동천(東川, 오늘의 사천성 수녕) 절도사 고언(顧彦)이 그에게 자기의 정덕비(政德碑)를 써 달라고 청탁하였다. 이때 유빈

이 이렇게 대답했다.

"대감이 대가로 사례금을 주신다면 저는 글을 쓰지 않을 것입니다."

송조(宋朝) 때도 비문을 써 주고 사례금을 받는 풍속이 여전히 존재하였다. 물론 예외도 있었다. 소식(蘇軾)은 남들의 묘지명을 거의 써 주지 않았다. 그는 평생토록 다섯 명에게만 묘지명을 써 주었는데, 그것도 덕망이 아주 높은 다섯 사람에게만 써 주었던 것이다. 즉 부필(富弼)·조변(趙抃)·범진(范鎭)·장방평(張方平)·사마광(司馬光)이 그들이다. 그 밖에도 소식은 장방평을 대신하여 조(趙)나라의 강정왕(康靖王)과 등원발(騰元發) 등 두 사람의 묘지명을 써 준 일이 있다. 소식이 한림학사(翰林學士)로 있을 때 황제가 그에게 명하여 추밀원 조담(趙瞻)의 비문을 쓰게 했지만 소식은 완곡히 사절하면서 어명에 따르지 않았다.

증자개(曾子開)와 팽기자(彭器資)는 절친한 벗이었다. 팽기자가 죽자 증자개가 팽기자의 묘지명을 썼다. 그러자 팽기자의 아들이 금붙이와 비단을 들고 와서 고맙다는 인사를 드렸다. 그러나 증자개는 사례금을 받을 수 없다고 극구 사양했다.

"내가 자네 부친의 묘지명을 쓴 것은 친구라는 명분일세. 자네가 기어코 나에게 사례금을 내놓는다면 나는 어쩌란 말인가? 자네가 나를 자네 부친의 막역지우라고 생각한다면 절대로 이럴 수가 없네."

인정에도 맞고 사리에도 맞는 판결문

당(唐)나라의 역사책을 보면 장작(張鷟)을 높이 칭송하였음을 알수 있다. 그는 어렸을 때부터 총명하기 이를 데 없었고, 그가 쓴 문장은 조정에서도 높은 평가를 받았다. 그는 문장을 지을 때 속도가 아주 빨라 말 그대로 일필휘지였다. 특채로 인재를 모집하는 과거시험에 여덟 번이나 참가하여 번번이 장원급제를 하였다. 하지만 나의 견해는 이와 조금 다르다.

지금까지 장작이 쓴 저작《조야첨재(朝野僉載)》와《용근봉수판(龍筋鳳髓判)》등 두 가지가 전해져 내려왔다.《조야첨재》는 일상생활의 사소한 일들을 적은 것인데 문장 구사가 매우 거칠다. 후자인《용근봉수판》도 당시의 문장격에 맞춘 것이어서 모두 틀에 박힌 듯 딱딱하고 무미건조하다. 그저 발생한 일들만 늘어놓았지 그의 글을 통해 당시 무엇 때문에 그런 형벌이 주어졌는지를 전혀 알수가 없다. 구형의 근거나 범법 방지의 방책 등이 부족하기 때문에 그 어느 한 편도 읽을 재미가 없는 것이다.

그러나 백거이(白居易)의 《갑을판(甲乙判)》은 읽으면 읽을수록 읽을 맛이 난다. 아래 몇 가지 예를 들어 보기로 하자.

갑(甲)이 아내를 홀대하자 훗날 아내가 죄를 지었다. 그녀는 아들이 대신 나서서 속죄할 것을 바랐다. 그러나 갑이 받아들이지 않았다. 이때 쓴 판사(判詞)를 보자.

아내도 편안케 못했으니
아들의 효심으로 모친을 위로할 수 있으련만
자그마한 성의만 보여도
속죄하는 아들을 소송할 리 있을손가
아내를 버린 것은 용서할 수 있거니와
모자의 정을 가로막는 일은 실로 너무도 무정하다

이 판사의 뜻은 다음과 같은 것이었다. 당신은 아내도 편안하게 살펴 주지 못하였다. 이때 아들이 그동안 받은 은혜로써 속죄한다면 어머니의 마음이 얼마나 위안되고 편안할 것인가? 아들이 그동안 받은 은혜를 갚으려고 속죄하려는데 그 누가 소송을 하겠는가? 아내를 홀대하고 저버린 일은 그래도 이해가 가고 용서할 만하다고 하겠다. 그러나 아들이 어머니를 그리워하고 어머니 대신 속죄하는 것을 막는 일은 너무도 무정하다.

이 판사는 《시경(詩經)》에서 모친을 사모하는 시구를 빌려 아주 생동감 있게 원래의 의미를 표현한 것이다.

을(乙)의 남편이 산속에서 화적을 만나 살해되었다. 을은 남편의 원수를 갚기 위하여 의뢰문을 내다붙였다. 만약 자기의 남편을 살해한 화적을 잡아 죽이는 사람이 있으면 자기는 곧 그의 아내가 되어 주겠다는 내용이다. 그러자 어떤 한 사람이 을의 생각은 여성의 정절을 저버리는 일이라면서 관아에 신고하였다. 그러나 을은 부덕을 잃은 일이 아니라고 변명했다. 그때 쓴 판사를 보면 다음과 같다.

남편의 원수를 안 갚아도 비난할 바가 없다
부덕에 어긋나는 일은 실로 치욕스러운 일이다
《시경》에 쓴 '개가해서는 안 된다'는 도리는
백 대를 내려오며 다 알고 있고
《예기》에도 '개가해서는 안 된다'는 예의가
한마디로 명백히 밝혀져 있다.

위의 내용은 예의 도리를 똑똑히 밝히고 있고 문장도 통속적이며 간결하다고 하겠다. 남편의 복수보다는 여성의 부덕을 더 지켜야 한다는 당시의 관습을 한눈에 읽을 수 있다. 여성들의 정조가 얼마나 중요시되었는가를 알 수 있는 대목이다.

병(丙)의 처갓집에서 사람이 죽었다. 처갓집 사람들은 상복을 입고 초상을 치르는데 병이 아내에게 악기를 연주해 주었다. 그러자 아내가 병을 신고하였다. 병이 이에 불복하였다. 그때 쓴 판사는 다음과 같은데 매우 간명하다.

베옷을 입고 거상의 예의를 지킴은
마음이 한없이 비통한 일이건대
악기를 연주하여 귀를 즐겁게 하다니
당신의 맘이 태연할 수 있을손가

백거이의 문장은 통속적인 것이 특징이다.
한밤중에 길 가던 갑이 순라(巡邏)에게 붙잡혀 연행되었다. 갑이 변명했다.
"소인은 관청의 명을 받고 조정으로 전달하러 가는 길입니다. 그런데 순라들은 한밤중에 통금령을 위반했다고 여기까지 끌고 왔습니다."

이때 쓴 판사는 다음과 같다

지금은 무마(巫馬)가 집정하는 때가 아닌데
별을 떠벌이면서까지 길을 재촉한다는 것이 웬 말인고
조회에 출석하는 신료들처럼
일찌감치 집에 돌아가 쉬는 것이 더 나을지다.

통금법은 위반했지만 그를 문죄하지 않고 너그럽게 풀어 주는 판사라 하겠다. 어쩌다 바쁜 일이 있어 밤을 도와 갈 길을 재촉할 수도 있다는 뜻이 담겨 있다.

을이 입신양명하여 이름을 날렸다. 옛 친구가 그를 찾아갔다. 을은 옛 친구를 사랑방 밖에 머물게 하고 머슴들이 먹는 음식을 내놓았다. 뿐만 아니라 그를 고의적으로 모욕하면서 친구를 격노시켰다. 친구는 울화를 참지 못하여 을을 관아에 기소하였다. 이때 쓴 판사는 다음과 같다.

안락에 빠져 포부를 저버린 중이(重耳)는

외삼촌의 질책을 듣고 부끄러워했으며

부귀해진 소진(蘇秦)에게 푸대접을 당한

장의(張儀)는 마침내 공명을 이루었다.

역사의 전고를 빌려 을을 충고한 이 판사는 의미가 아주 깊다고 하겠다. 제나라로 망명 간 중이는 안락한 생활에 심취되어 모든 포부를 저버렸다. 이때 그의 외삼촌이 중이를 엄하게 꾸짖었다. 외삼촌의 꾸중을 들은 중이는 새롭게 입국(立國)의 웅대한 의지를 되살려 마침내 대권을 찾을 수 있었다. 소진은 부귀한 자리에 앉게 되자 절친했던 벗 장의(張儀)를 일부러 푸대접하였다. 이에 오기가 치민 장의는 소진의 힘을 빌리지 않고 스스로 분발하여 공명을 이루었다는 뜻이다.

즉 부귀해진 친구의 푸대접에 신경을 쓰지 말고 자중해서 본인이 분발하여 큰일을 도모해야 한다는 뜻이다.

병이 아내를 맞아들였건만 자식을 보지 못했다. 병의 부모들은 병의 아내를 내쫓으려 했다. 병의 아내는 갈 곳이 없다며 시부모의 말에 따르지 않으려 했다. 이때 쓴 판사를 보면 다음과 같다.

아내를 받아들였건만 자식이 없으니

이는 후손을 잇지 못할 일이라

그러니 아내가 없는 것과 다름없도다

하지만 여성 측에서 나가서 살 집이 없으니

이 일은 다시 조율하여 결정지을 일이로다

남편이 아내를 홀대하는 이유에는 일곱 가지가 있다. 그중 첫째가 자식을 못 낳는 일이다. 그러나 또 홀대해서는 안 될 세 가지 조건이 있다. 그중 하나가 시가를 나와 갈 곳이 없는 아내는 내쫓을 수 없다는 것이다.

이처럼 백거이의 판사는 인정과 사리에도 맞았고 법률 조례에도 어긋나지 않았으며 비유가 적절하고 전고의 인용도 제격이었다. 장작(張鷟)과 같은 학자들은 비길 바가 못 되는 것이다.

시로 말[馬]의 자태를 그리다

당(唐)나라의 저명한 문장가 한유(韓愈)의 《인물화기(人物畫記)》에
는 말[馬]에 대한 멋진 서술이 있다.

체구가 큰 말 아홉 마리가 있다. 말 무리 가운데에는 크고 작은 말
들이 있다. 말의 자태도 각기 다르다. 뚜벅뚜벅 걷는 말이 있는가
하면 코를 꿰어 끌려가는 말이 있다. 네 말굽에 바람을 몰며 달리
는 말이 있는가 하면 거센 파도를 헤쳐 나가는 말도 있다. 강기슭
잔디밭에서 풀을 뜯는 말이 있는가 하면 고개를 잔뜩 쳐들고 투
레질하는 말도 있다. 좌우를 두리번두리번 살피는 말이 있는가
하면 조용히 누워 코를 고는 말도 있다. 한가로이 숲을 거니는 말
이 있는가 하면 한곳에 못 박힌 듯 서 있는 말도 있다. 여물을 먹
는 말이 있는가 하면 샘물을 마시는 말도 있다. 오줌을 질질 싸는
말이 있는가 하면 대변을 똑똑 떨구고 있는 말도 있다. 산등성이

를 힘겹게 돌아 오르는 말이 있는가 하면 조심스레 산길을 타고 내려오는 말도 있다. 나뭇등걸에 등을 긁적이는 말이 있는가 하면 콧김을 풍풍 불고 있는 말도 있다. 돌개바람을 일으키며 질풍처럼 내닫는 말이 있는가 하면 천천히 적당하게 달리는 말도 있다. 옷과 같은 생필품을 지고 나르는 말이 있는가 하면 여우나 토끼 같은 야생동물을 져 나르는 말도 있다. 말의 갖가지 형태를 이상과 같이 개괄해 보았다. 크고 작은 말은 도합 83마리나 된다. 그러나 똑같은 말은 하나도 없다.

진관(秦觀)은 한유가 말을 그린 그림에 나온 말에 대한 묘사는 상세하지만 지루하지 않다고 평가했다. 그는 한유의 글을 모방하여 《나한기(羅漢記)》를 쓰기도 했다.

소동파는 〈한간14마(韓幹十四馬)〉란 시에서 말의 갖가지 형태를 시로 읊었다.

　　두 마리가 질주하니 말발굽 여덟 개가 번뜩이고
　　두 마리가 나란히 서 있으니 말총이 나란하네
　　앞의 말 한 마리가 뒷굽을 날리니

184

뒤의 말 한 마리가 이를 피하여 투레질하네

늙은 말먹이꾼은 말을 아끼고 살폈으니

전생이 말이었나 말의 마어(馬語)까지도 알아듣네.

뒤에 처져 있는 여덟 마리는 물을 마시고 걷기도 하네

조용한 흐름 속에 몇 마리의 말소리만 들리네

앞선 놈은 마치 수풀을 나온 학과 같고

뒤떨어진 녀석은 학 무리에 들겠다고 투덜대네

마지막 한 마리는 말 속의 용이라

꼼짝 않고 투레질도 없이 말총만이 바람에 흔들리네

한씨가 그린 말은 진짜 말이며

내가 지은 시문은 그림을 보고 쓴 것이네

이 세상엔 백락이 없고 한씨도 없으니

이 시문과 이 그림을 누구에게 보일까?

  소동파의 시와 한유의 문장은 문체가 서로 다르기는 하지만 둘 다 천고에 빛나는 절창이라 하겠다. 이들의 시와 문장을 읽으면 구태여 말을 그린 그림을 볼 필요가 없다. 두보도 〈관조장군화마도 (觀曹將軍畫馬圖)〉란 시에서 말에 관해 묘사하고 있다.

그 옛날 태종에게는 권모과(拳毛䯄)가 있었고
얼마 전 곽씨네 가문엔 사자화(師子花)가 있었네
오늘 이 새 그림엔 두 말이 다 그려졌거니
유식자들은 이를 보고 감탄을 금치 못하네
나머지 일곱 마리 말도 각기 특수한 것이니
찬바람 눈길에 눈보라가 이는 듯하네
말발굽 요란한 소리가 산간에 울려 퍼지니
말먹이꾼의 재주가 여간한 것이 아니라네
아홉 마리 준마가 의용을 뽐내고 있으니
청고한 그 기개야말로 형언할 바가 없다네

　두보의 이 시는 소동파의 시에 비하면 어색한 곳이 많다고 하겠
다. 그러나 그의 다른 시 〈단청인증조장군패(丹靑引贈曹將軍霸)〉에
서 묘사한 '이 시각 구중천에서 진용이 태어났나 / 만고의 평범한
말들이 한시에 무색하네'란 구절은 명구절이라 하겠다.
　두보에게는 또 다른 〈화마찬(畵馬讚)〉이란 시가 있다.

　한단이 그린 말은 붓끝에 신이 들린 듯
　묵직한 선을 따라 말들이 나는 듯하네

네 발굽에서는 우레가 울고 하루 사이에 하늘 문에 닿을 듯

오골에는 우뚝함이 서리어 실로 용의 변신이 아닐까 하네.

이 구절은 앞의 〈관조장군화마도〉보다는 아주 잘 지어졌다고 하겠다.

소동파는 〈구마찬(九馬讚)〉에서 "설소팽(薛紹彭)은 집에 조장군(曹將軍)의 〈구마도(九馬圖)〉를 수장하였다. 두보가 쓴 〈관조장군화마도〉란 시는 이 그림을 보고 지은 것이다"라고 두보 시의 출처를 밝혔다. 소동파가 이 그림에 제사(題詞)를 썼는데, 그 제사는 다음과 같다.

말먹이꾼은 만세에 빛날지니

그림 그린 사람은 자신의 패기를 펼쳤다

두보가 시를 지어 읊었으니

빛나리 아홉 마리 말이여!

이런 시 몇 수만 읽어도 눈앞이 환하게 밝아지면서 온몸에 생생한 기운이 감도니 정말 천고의 절창이라 하지 않을 수 있겠는가!

187

대기만성

위응물(韋應物)은 당나라의 저명한 시인인데 소년 시절 삼위시랑(三衛侍郞)이란 신분으로 당나라 현종(玄宗)을 섬겼다. 그 뒤에는 소주자사(蘇州刺史)를 지냈다. 그래서 위소주라고도 일컬었다. 그의 시는 전원풍물을 주제로 읊은 것으로 유명하다. 간결한 언어에다 풍부한 뜻을 담은 그의 시는 음미할 묘미가 있다. 물론 자기 자신의 개인 경력을 쓴 시도 있다. 그의 저서 《위소주집(韋蘇州集)》에 〈봉양개부(逢楊開府)〉란 시가 있는데, 이 시에서 위응물은 자신의 경력을 진술하고 있다.

어릴 적 무황제를 따라 옆에서 시중을 들었으니
세상 못할 짓을 거리낌 없이 다 저질렀네
황제 옆에서 일 본다고 맘껏 뽐낼 대로 뽐내었네
대궐 깊숙한 곳에 망명자도 숨겨 주었고

아침에는 도박장에서 거들먹거렸고

밤에는 기생방에서 뒹굴었네

순라들도 멍하니 보기만 할 뿐 감히 연행하지 못했으며

백옥 같은 여성들 무리에서 살을 섞으며 향락을 누렸네

여산에 바람이 불어 눈꽃을 휘날리는 밤이면

장양에서 화살을 날리며 사냥으로 밤을 지새웠네

낫 놓고 기역자도 모르는 일자무식이었건만

술에는 당할 자가 없어 으뜸이라 호통 쳤네

무황이 타계하여 이 세상을 하직하자

외롭게 홀로 남아 초췌하기 그지없네

사서삼경을 배우기에는 이미 늦은 나이가 되어

붓과 씨름이나 하며 시 쓰는 것을 익혔네

문무 양부에는 발자취가 사라졌고

남궁의 옛일도 거론하는 사람이 없네

재간이 모자라니 받아 줄 곳도 없고

지방으로 내려가 자그마한 벼슬이나 하며 지낸다네

그런데 뜻하지 않게 양개부를 만나고 보니

지난 일을 되살리며 눈물을 금치 못했네

이 시는 위응물이 자신의 소년 시절을 기억하며 쓴 것이다. 이 시를 통해서 위응물은 어렸을 때 황제 옆에서 시중을 든다는 직위를 이용해 언제나 뽐내고 다니며 못하는 짓 없이 망나니로 굴었음을 사실 그대로 고백하고 있다. 그는 도박장에도 드나들고 창기들과도 어울리며 방탕한 생활을 일삼았다. 사실 위응물은 어릴 적에 세상 망나니나 다름이 없었다.

그런데 이조(李肇)의 《국사보(國史補)》는 위응물을 아주 높이 평가하였다.

"위응물은 품성이 고결하고 청정하며 욕심이 적었다. 그는 집에서 향로에 향을 지핀 채 가부정좌하며 불공을 드렸다. 그는 세간 잡일에는 아무런 애착을 두지 않았다. 그의 시는 가히 건안칠군자에 비할 만큼 훌륭하다. 비록 풍격은 서로 다르지만 각자 자기의 개성으로 천추에 남을 것이다."

이는 위응물이 그 훗날 젊었을 때의 모든 잘못을 깨닫고 새로운 인생을 시작했음을 말한다.

시인 고적(高適)도 젊었을 때는 방탕하기 그지없었다. 50세가 넘어서야 방탕한 생활을 깨끗이 청산하고 시작(詩作)에 심혈을 기울였다. 그는 초기부터 좋은 시를 창작하였다.

위응물과 고적은 모두 늦게 시를 창작하기 시작한 사람이다. 그러나 태어난 천재적 재능과 뛰어난 자질로 시단에 이름을 남겼다. 보통 사람들은 이러한 그들의 경지에 이르기 어려운 것이다.

시성 두보의 시적 의미

두보(杜甫)를 시성(詩聖)이라 한다. 두보는 시의 발상과 전고의 운용, 그리고 시적 취지가 매우 심원하기 때문이다. 따라서 그의 작품을 수박 겉핥기로 읽어서는 그 심오한 뜻을 제대로 이해하지 못한다.

아래에서 몇 가지 실례를 들어 보기로 하자.

그림을 잘 그리기로는 모연수(毛延壽)가 으뜸이요

잡기를 부리는 일은 곽사인(郭舍人)이 제일일세

웃음은 매일매일 궁궐을 감도니

만물은 언제나 봄날을 맞은 듯하네

정치교화가 물처럼 청명하고 밝으면

황제의 은덕은 신성하기 그지없을지어다

시시때때 부담 없이 즐겨도 무방하려니

이를 두고 시세의 풍진이라고 말하지 못하리

　이 시를 언뜻 읽으면 세 번째 연이 앞의 두 연과 의미상 연관성이 없어 보인다. 어떤 사람은 이를 트집 잡아 이 시 구절은 본디 다른 시의 구절인데 잘못 접목되었다는 견해를 갖고 있다. 그러나 내 견해는 이와 다르다. 나는 이 시 구절은 원래부터 이 시에 쓰인 구절이라고 본다. 두보가 제3연을 쓴 시적 의미는 황제가 잡기나 놀고 노래나 부르는 예인들에게 과분한 은총을 베풀어서는 안 된다는 뜻이다. 그러나 정치가 흐르는 물처럼 청명하고 황제가 현명하다면 그들이 오락을 즐겨도 천하의 안녕에는 피해가 없다는 말이다. 그러니 시시때때로 예인의 오락에 심취하더라도 무방하다는 뜻으로 이 시를 썼던 것이다. 하긴 시시때때로 향락에 심취해도 무방하다는 두보의 견해에는 어폐가 있지만, 이 시를 봐서는 전·후반구가 내용이나 의미상으로 서로 호응되면서 연관성을 갖고 잘 짜여 있다고 하겠다.
　두보에게 또 이런 시가 있다.

　내란이 일어나 맑은 우물이 피폐해졌고
　그 옛날 호화로운 궁궐도 오랜 역사 속에 묻히고 말았네

건져 낸 구리병은 아직도 물기가 마르지 않았는데
천 길 깊은 우물 속의 애처로운 소리가 들리는 듯
그 옛날 미인의 아리따운 뜻을 가려 보니
차디찬 우물 벽에 갇힌 것이 그 더욱 비참해 보여라
교룡(蛟龍)은 떨어져 나가 반만 남아 볼품이 없건만
동강난 황금을 얻은 것만 같아라

이 시는 옛 고궁의 우물에서 구리병을 건져 낸 사실을 두고 쓴 시로 보인다. 그런데 시 첫 시작에 '폐정'이라고 밝혀 그다음 구절을 잇기가 어렵게 되었다. 그러나 두보는 남다른 높은 시적 기예를 통해 구리병에 깃든 고사를 아주 완곡하게 잘 묘사하였다. 다른 시인들은 평생의 힘을 기울여도 두보의 이런 시적 발상은 모방하지 못할 것이다.

그에게는 또 다른 한 수의 시가 있다.

붉은 깃의 싸움닭 비단 띠를 두르고
재롱부리던 말들이 본때를 보이는데
커튼이 열리며 궁녀들이 드나들고
누각 앞 수양버들 긴 가지를 드리웠네

신선들도 노닐다 떠날 때가 있듯이

무희 악녀들의 향기도 사라진 지 오래여라

여산의 오솔길 유달리 적막한데

풀잎에는 샛노란 가을만 한창일세

나의 부친은 한때 북방에서 사셨다. 그때 나의 부친이 당나라 사람이 그린 그림 〈여산궁전도(驪山宮殿圖)〉를 구했다. 화면에 나오는 화청궁은 산정에 자리하고 있었다. 궁전 밖에는 휘장이 드리워진 집들이 즐비하였다. 수천 명의 궁녀와 환관, 그리고 신료들이 분주히 오가는 모습을 그린 화면이 아직도 나의 눈에 선하다. 그리고 사람들이 무리 져 모인 속에서 각종 재주를 보여 주는 잡기 예인들의 표현도 매우 생동감 있었다. 두보의 이 시는 아마도 당시의 상황을 묘사한 것 같다. 마치 현장에서 실상을 보는 듯 생생한 장면을 그려 내어 매우 감동적이다.

엄무(嚴武)는 두보를 살해하려 하지 않았다

《신당서(新唐書)》의 〈엄무전(嚴武傳)〉에 이런 내용이 있다.

방관(房琯)이 재상으로 발탁되었다. 그는 재상 신분으로 자주 외
지로 순찰을 나갔다. 엄무는 오만하여 방관을 존경하지 않았다.
엄무와 두보는 절친한 사이였다. 그러나 엄무는 두보를 여러 번
살해하려 하였다. 이백의 〈촉도난(蜀道難)〉은 바로 엄무와 두보
의 갈등과 마찰을 우려하여 쓴 시이다.

《신당서》〈두보전(杜甫傳)〉에는 또 이런 대목이 있다.

엄무는 두보를 절친한 친구로 여겼다. 그러나 두보가 엄무를 찾
아가도 별 예의를 차리지 않았다. 심지어 두건을 쓰지도 않았다.
한번은 술에 만취한 두보가 엄무의 침대 위에 뛰어올라 두 눈을

부릅뜨고 엄무를 꾸짖었다.

엄정지(嚴挺之, 엄무의 부친)란 작자에게 어찌하여 이따위 아들이 생겼는가!

두보의 욕을 들은 엄무는 두보의 짓이 아니꼽기 그지없었다. 그것이 앙금이 되어 언제든 두보를 죽여 버리고 싶었다. 그러나 좀처럼 결단을 내리지 못했다. 엄무는 모자를 문살에 걸었다 내렸다 세 번을 반복했지만 정작 두보를 죽이겠다는 결심을 내리지 못했던 것이다. 엄무 수하의 시종들이 그의 맘을 헤아리고 일이 벌어지기 전에 그의 모친에게 알렸다. 그게 무슨 말이냐며 허겁지겁 달려온 모친의 충고를 받고서야 두보를 살해하려는 마음을 삭였다.

또한 《구당서(舊唐書)》에도 엄무가 두보를 죽이지 않은 것으로 되어 있다.

두보는 맘이 좀 좁은 편이다. 그리고 성격도 조급하다. 한번은 만취한 두보가 엄무의 침대 위에 뛰어올라 서서 엄무의 부친 이름을 그대로 불러 댔다. 그러나 엄무는 이 일로 두보와의 절친한 관계를 끊지는 않았다.

이상의 역사 기록을 보면 엄무가 두보를 살해했다고 하는 내용은 어느 책에도 없다. 그러면 어떻게 되어 엄무가 두보를 죽였다고 와전되었던 것일까? 이는 아마도 당나라 때 시정 소설가들이 억지로 꾸며낸 이야기가 아닌가 한다. 구양수(歐陽修)는 시정에 와전된 풍문을 역사적 사실로 믿고《신당서》를 쓸 때 엄무가 두보를 살해할 마음이 생겼다고 썼을 것이다.

그리고 이백의 〈촉도난〉도 엄무와 두보 간의 갈등을 우려해서 쓴 것이 아니다. 이백이 그 시에서 장(章)이 원수를 갚으려 경(瓊)을 겸병한 역사적 사실을 풍자한 것에서 알 수 있다.

두보의 문집에는 엄무에게 써 준 시 작품이 무려 30여 수에 이른다. 엄무가 상경할 때 그를 배웅하면서 쓴 구절로 '강가 시골에 홀로 남아 / 외롭게 여생을 보내고 있네'가 있다. 엄무가 다시 사천 지역 장관으로 임명되어 내려온다는 소식을 들은 두보는 누구보다 더 기뻐했다.

'초가삼간 이곳으로 오면 / 선생을 위하여 술대접을 할 것이네'란 시 구절이 그때 지은 것이다.

이상의 구절은 엄무가 살아 있을 때 지은 시들이다. 엄무가 죽자 두보는 〈그의 죽음을 슬퍼하다〉란 시를 지었다. 이어서 〈8애시(八哀詩)〉를 또 지어 엄무의 죽음에 심심한 애도를 표하였다. 가령 엄무가 정말로 두보를 죽이려 했다면 두보가 이런 시를 쓰지는 않았을 것이다. 할 일 없는 3류 문인들이 엄무가 지은 구절 중에 '〈앙무부〉를 지었다고 뽐내지 말지며'란 내용을 보고 억지 판단을 한 것이다. 그야말로 백치 바보가 꿈 이야기를 하는 것처럼 황당하기 짝이 없는 짓이다.

나이 밝힌 시를 통해 세상살이를 음미하다

백거이(白居易)는 성품이 정직하며 성실하였다. 그는 흉금이 넓고 매사에 달관적이었다. 또 시를 통해 자신의 흉금을 숨김없이 토로하였으며, 또 시를 통해 자신의 나이를 밝혔다. 거의 해마다 그는 나이를 밝히는 시를 썼던 것이다. 나는 그의 문집을 통독하면서 그가 나이를 밝힌 시를 순서별로 모아 보았다.

어렸을 때 품은 포부 실현하지도 못했는데
어느덧 서른이다 이마에 주름살만 늘었네

그 누가 말했던가 서른은 아직 소년이라고
백 살을 산다면 벌써 3분의 1이 지났는데

어느새 중년 고비에 들었구나

서른도 지나 벌써 두 번째 봄이로다

맑은 거울 속에 비친 내가
어느새 헤아려 보니 서른넷이 되었구나

내 나이 이제 서른여섯
해도 높이 떠 중천을 넘었네

헤아려 보니 서른아홉이라
세모의 해도 기울어져 가네

올해로 내 나이 마흔 고개를 넘겼으니
가을의 회포를 그 누가 알아주리

마흔이 넘어 이제 범인이 되었으니
잡초 우거진 밭에서 호미질을 배우도다

머리칼과 수염도 이제는 변했구나
40이 되고 보니 흰머리가 나오누나

이제 마흔이건만 병들어 누웠는데
귀여운 딸애는 이제 겨우 세 살일세

마흔이라지만 늙은 것은 아니니라
근심이 앞서면 더 빨리 늙어진다

슬하에 걸음마를 뗀 애가 있는데
새해를 맞고 보니 벌써 마흔한 살이 되었네

이 몸이 다시 화양원(華陽院)에 든 듯
병든 몸에 근심만 남아 이제 마흔세 살이 되었구나

이제 또 한 해가 가니 마흔넷이 되었는데
승진은 계속되어 5품이 되었네

여윈 데다 짐까지 생겼네 마흔넷이 되었는데
강주(江州)로 경질되어 군리(郡吏)로 떨어졌네

어느새 또 한 해 마흔다섯이 되었으니

두 귀밑머리가 모두 희끗희끗해졌네

3월이 되면 만 마흔여섯이라
봄이 지났는데도 사람이 게을러지네

금년은 마흔여섯이라
강촌 초가에 초췌하게 누워 있네

귀밑머리 희끗하고 이빨도 흔들흔들하네
어느새 이 나이 마흔일곱이 되었나

아느냐 내일이면 마흔아홉이 되는 날
지나온 발자취를 곰곰이 되짚어 봐야겠네

마흔아홉이 되면 몸도 많이 늙는 법
일백다섯 달 밝은 밤 내일을 기약하네

삼천리 청산을 두루 답사하였는데
흰머리가 머리를 덮어 반백인이 되었네

벼슬길의 멋과 재미 이미 단념했으니
오십에 쉬지 않으면 그 언제 쉴 것인고?

장경(長慶) 2년이라 가을도 눈앞이네
내 나이 어느새 쉰하나 되었구나

이월이라 초닷새인데 꽃잎이 눈[雪] 같은데
쉰두 살 내 머리도 흰서리가 내렸네

재작년 꽃 보았을 때 쉰둘이었건만
오늘 흰 꽃 앞에 서고 보니 쉰다섯이 되었구려

내 나이 어느새 쉰다섯이니
귀거래도 한 곡조 이미 때가 늦었도다

이 몸이 운이 좋아 3품으로 되었건만
어느새 사람은 늙어 쉰여덟이 되었구나

반백이면 쉰인데 그것도 아홉 해가 더 지났으니

석양에 저무는 해 그 놀이 처연해라

이 몸을 어디에 비기랴 어느새 예순이 되었구나
멀리 소풍을 다녀오니 심정이 한결 거뜬해라

금년 이 한 해는 스무엿새만 남았는데
새해에 접어들면 내 나이 예순둘일세

예순셋의 노인장 머리에 백설이 내렸구나
잔꾀만 부리는 재간은 멀리해야 할 것이라

어느새 이 나이 예순넷이 되었는데
기력이 좋으니 마음도 편안할세

이제 내 나이 예순다섯이거니
내리막길을 걷는 것과 다름이 없다네

근심도 따로 없고 기쁨도 따로 없다
예순여섯 이 나이 새 봄을 또 맞이했네

만을 합쳐 한 되로 팔고 사고
뒤돌아보니 일흔에 삼 년이 안 찼네

예순여덟이라 늙고 병든 이 몸이
기력이 쇠진하니 백병이 찾아오네

금년이 일흔이라 이 고비를 넘길제
병에 시달리지 않으면 가을도 무사히 넘기리

지나온 옛 일로 마음을 달래는데
칠순 노인은 세간에도 드물다네

백발이 성성하게 다섯 조대를 섬긴 신하
신정이 되어 칠순에 접어들었네

내 나이 금년에 일흔하나이거니
안질로 어두워졌고 기억력도 쇠진하네

일흔을 넘긴 사람 그 얼마이며

또 삼 년을 더 산 사람 더욱 드물도다

이 세상 모든 것 버려도 아깝지 않도다
일흔넷에 봄날이 닥쳐왔네

나이가 일흔다섯이 되면
봉록을 팔아도 5만 냥은 되겠는데

소동파는 백거이를 평소에 아주 존중하였다. 그래서 그도 때로는 백거이의 본을 따서 시를 짓기도 하였다.

어느새 서른아홉 실망만 한 바구니
한평생 고생도 절반은 넘었구나
세모의 해도 기울어지는데
옛사람을 두고 탄식만 하네

소동파가 이 시에서 읊은 '세모의 해도 기울어지는데'란 구절은 백거이의 시에서 따온 것이다. 소동파의 다른 시에도 백거이의 시 형식을 따른 것이 보인다.

어느새 내 나이 마흔둘이 되었나니
머리를 빗어도 빗에 꽉 차지를 않네

백발이 성성하니 쉰셋이 되었구나
집사람은 나보고 봄나들이 옷을 입으라네

내 나이 어느새 예순하나가 되었으니
텅 빈 풍경을 떠 앉은 서산이 연상되네

위의 시도 나이를 밝힌 구절을 꼼꼼히 음미해 보면, 그때 그 시
각 시인의 심정을 그대로 읽는 듯하다. 두 시인은 시 형식을 빌려
자신의 연보를 적은 것이다.

사랑하는 여인은 가고 아름다운 시만 남는구나

당(唐)나라 대시인 백거이가 유몽득(劉夢得, 일명 유우석)에게 써 준 시가 있다. 이 시는 이소주(李蘇州)가 보내온 태호석(太湖石)의 절묘함을 보고 유몽득에게 써 준 작품이다. 이 시의 마지막에 '우리 둘은 복이 없어 / 헛되이 태호에서 살았네'라고 읊고 있다. 그리고 '나와 유우석은 둘 다 소주 자사로 있은 적이 있다. 그러나 우리는 이처럼 절묘한 태호석을 구해 보지 못했다'라고 주석을 달았다.

백거이는 〈감석상구자(感石上舊字)〉란 시에서 '태호석에 새긴 세 글자 / 진결지(陳結之)가 15년 전에 쓴 글이라네'라고 읊었다. 이전에 나는 진결지가 누구인지 전혀 몰랐다. 훗날 백거이가 쓴 〈대주유회기이랑중(對酒有懷寄李郎中)〉이란 시를 읽고 진결지가 누군지를 알게 되었다. 그 시에 이런 구절이 있다.

그해 강 저쪽에서 도엽(桃葉)과 더불어 노닐었고

작년 누각에서 유기(柳枝)와 갈라졌네
봄날 나 홀로 외롭게 마시는 술 한잔
이 심사는 이군만이 알 것이네

그리고 그는 이 시에다가 '도엽은 결지이고 유기는 번미이다'라는 주석을 달았다. 이 주석을 읽고서야 나는 진결지가 그를 시중든 기녀의 이름임을 알았다.

병이 든 백거이는 시중드는 기녀 번미를 내보냈다.

두 버드나무 가지(즉 유기(柳枝))가 누각에 있거니
여린 몸으로 몇 년간 술 취한 나그네를 섬겼네
내일이면 그녀를 내보내려 하니
이 세상엔 다시금 봄바람이 없을 거네

그 뒤 유우석이 그의 시를 보고 조롱하는 시를 썼다. 이에 백거이도 시로 화답하였다.

누가 다시 젊어져 애들처럼 놀아 볼까나
봄자락을 잡고 버들꽃을 쫓아가네

이로 보아 백거이는 번미를 매우 총애한 것 같다. 그는 그녀를 내보내고도 그녀를 못내 잊지 못했던 것이다.

　　병든 낙천을 섬겼건만
　　봄바람은 번미를 데려갔다네

　　약주를 마시며 노래 불렀고 춤을 추며 웃음꽃 날렸지
　　거문고 소리도 다 멎고 기방만 싸늘히 비었네

이상의 시를 통해 번미를 총애하여 그녀를 잊지 못하는 백거이의 애절한 마음을 읽을 수 있다.

뱃길에 띄운 단장의 비가

백거이에게는 유명한 장편 서사시 〈비파행(琵琶行)〉이 있다. 이 시는 심양강(潯陽江)에서 한 상인의 아내를 두고 쓴 작품으로 여겨진다. 당시 상인은 부량(浮梁, 지금의 강서성 부량)으로 차장사를 떠났다. 상인의 아내는 홀로 배를 지키며 손님들을 위해 비파를 연주하였다.

백거이는 어느 날 밤 그녀를 찾아갔다. 그들은 배에서 함께 술잔을 기울이며 이야기를 나누었다. 남녀유별(男女有別)이라는 금기를 완전히 깨뜨린 것이다. 그녀가 본디 장안의 기녀였기에 이를 개의치 않았는지도 모른다. 백거이의 시집에 〈야문가자(夜聞歌者)〉란 시가 있다. 이 시는 백거이가 도읍에서 경질되어 심양으로 가는 도중 악주(鄂州, 지금의 호북성 무창시)에서 머물 때 지었다. 이 시는 〈비파행〉보다 먼저 지은 것이다.

밤이 되어 앵무주에 묵노니

달 비낀 가을 강은 유난히도 맑네

옆에 있는 배 쪽에 노래 부르는 사람이 있어

길손의 수심을 한결 더 자아내네

노래를 마친 여인은 웬일인지 흐느끼는데

그 울음소리가 강 위를 쓸어 가네

소리를 따라 그 사람을 찾았더니

눈처럼 흰 살결의 젊은 여성이었네

홀로 외롭게 돛대에 기댄 그녀

청초한 꽃나이 이팔청춘의 여성이었네

눈물은 달빛에 비쳐 진주처럼 아롱거렸고

방울방울 강물에 떨어져 명월이 부서지네

묻노니 애기여 뉘 집의 아가씨인가

어이해 이처럼 처량히 흐느끼는가

눈물을 훔치며 한마디 물어보았건만

고개를 숙이고 아무런 대답도 안 하네

진홍(陳鴻)은《장한가전서(長恨歌傳序)》에서 이렇게 평하였다.

백거이는 시를 아주 능란하게 지었다. 그는 정감이 아주 풍부한 시인이다. 간혹 이런저런 처지의 여성들을 만나게 되면 다정다감한 그의 시심이 발동되어 정묘한 시들을 지어냈다. 그렇다고 그가 결코 여색에 탐닉한 것은 아니다.

백거이가 〈야문가자〉의 시를 창작할 때 만난 악주의 여성은 홀로 노래를 부르며 눈물을 흘렸다. 백거이는 그녀가 홀로 있는 것을 알면서도 그가 타고 있는 배로 건너가 연민의 정감을 보여 주었다. 남녀유별이라는 금기를 스스럼없이 깬 것이다. 그러나 당나라 사람들은 이를 별로 개의치 않았다. 지금의 시인들은 백거이의 이 시를 거의 다루지 않는다. 그래서 내가 여기에 적어 감상할 기회를 마련한 것이다.

하공교(何公橋)를 노래하다

영주(英州, 지금의 광동성 영덕시)는 아주 특색이 있는 읍이다. 시냇물이 영주시의 복판을 가로질러 동서로 흐르고 있어 시가지가 남과 북으로 갈라져 있다. 냇가가 크지 않아 배를 띄울 수 없어 남북 사람들은 돌다리를 건너 오고가야 했다. 이 돌다리가 그 유명한 하공교(何公橋)이다.

하공교는 아름다운 전설을 가지고 있다. 원래 이 시냇물에는 돌다리가 없었기에, 나무로 다리를 만들어 행인들이 다니도록 했다. 그러나 장마철이 되어 큰물이 지면 나무다리는 물에 떠내려갔다. 이렇게 되다 보니 거의 해마다 나무다리를 새로 놓아야만 했다.

하여튼 나무다리가 홍수에 떠내려가면 영주 사람들의 불편은 이만저만이 아니었다. 남과 북으로 갈라져 사는 영주 사람들은 친척 방문도 못 했고 장사도 할 수 없었다. 급한 공문을 보내려 해도 몇 십 리를 돌아가야 했다. 남북 기슭에 두 사람이 보고 큰 소리로 말을 나눌 순 있어도 서로 건너가지는 못 했던 것이다.

송나라 휘종(徽宗) 건중정국(建中靖國) 원년(1101년)에 건안(建安, 지금의 강소성 남경시) 사람인 하지보(何智甫)가 영주군수로 발령을 받았다. 하군수는 영주 백성들의 불편함을 감안하여 장마철에도 떠내려가지 않을 돌다리를 놓기로 하였다. 하군수가 돌다리를 세우겠다는 소문이 퍼지자 사람들은 너도나도 좋아라고 손뼉을 쳤다. 부잣집에서는 다리를 세우는 데 드는 비용을 출자하고 가난한 집에서는 일꾼을 내보내 부역을 하도록 했다. 그리하여 불과 보름 사이에 영주군에는 새로운 돌다리가 놓였다.

외관상으로도 보기 좋은 영주교를 짓자 백성들은 장마철에 대한 근심이 없어지게 되었다. 이때 대시인 소동파가 뇌주(雷州, 지금의 광동성 해강시)에서 상경하던 도중 영주를 지나게 되었다. 하군수는 소동파를 상빈으로 모셔 극진히 대접하였다. 그리고 소동파에게 다리에 관한 시를 써 달라고 부탁하였다. 영주군에 영원한 기념으로서 지방지에 기록하겠다고 했다. 소동파는 하군수의 청탁을 받아들여 4언시 한 수를 지어 주었다. 그 4언시는 56구절이나 되는 긴 시였다. 이 시는 지금《소동파후집》제8권에 수록되어 있는데, 소동파는 이 시의 제목을 '하공교(何公橋)'라 붙였고, 그때부터 영주 사람들은 이 다리를 하공교라 불렀다.

216

송나라 고종(高宗) 소흥(紹興) 17년(1147년) 나는 식솔들을 데리고 영주에서 얼마 동안 살았다. 당시 나는 나의 친한 벗인 영주 승려 희사(希賜)와 함께 영주 남산에 가 본 적이 있다. 그때 하공교를 지나며 다리에 새겨진 시문을 꼼꼼히 살펴보았다.

    하늘과 땅 사이
    온통 어디나 물천지일세
    오가는 사람들은 마치
    강물 위에 떠가는 눈물방울 같네

영주의 지방 특색과 번화한 모습을 사실적으로 그린 시였다. 이때 희사가 말했다.

"아니, 이건 소동파의 친필 필적이 아니올시다. 또 친필 필적의 탁본도 아니외다. 원본은 하군수가 수장하고 있거든요. 그리고 소동파의 필적을 탁본해 조각한 것도 하군수가 자기 집에 가져다 수장하고 있거든요. 이 시비의 글씨는 바로 이 빈승의 글씨외다."

희사는 이에 관한 한 토막 에피소드를 나에게 들려주었다.

"하군수가 소동파에게 청탁을 받자 소동파는 대뜸 수락했지요. 그런데 소동파는 시를 다 짓고도 하군수에게 시를 보내지 않았어요. 이 일을 하군수의 수하가 알게 되었어요. 그래서 그 수하는 소동파가 이미 시를 다 지어 놓고 있다고 하군수에게 알려 주게 됐지요. 하군수는 '아차, 내가 실수했군' 하면서 그길로 소동파를 찾아갔지요. 이때 소동파가 '나는 아직 다리 구경도 못했네. 실물을 보지도 못 하고 시를 지을 순 없지 않소!'라고 말했다더군요.

하군수는 수하에게 명하여 즉시 술상을 차리게 했어요. 그리고 술자리가 파하자마자 하군수가 소동파를 다리로 안내하기로 했지요. 이때 소동파가 말했어요. '하군수 영감은 이 고을의 부모와 같은 관리요 주인이니까 먼저 가마에 올라 앞에서 가셔야지요.' 그러자 하군수는 그런 법이 어디 있느냐며 한사코 거절했지요. 결국 그두 사람은 함께 가마를 탔고 나란히 다리 쪽으로 가게 되었지요. 영주 백성들은 대시인 소동파와 하군수가 함께 돌다리로 간다는 말을 전해 듣고는 길거리로 나와 그들을 맞아 주었지요. 다리를 구경하고 난 소동파가 조용히 말했어요. '이 다리와 이곳의 풍경, 그리고 방금 우리가 본 상황은 시의 소재가 될 만하군요. 오늘 밤 이 사람이 한 수 지어 드리지요.'

아닌 게 아니라 그날 밤 하군수는 소동파가 보내온 시를 받게 되었지요. 부랴부랴 소동파의 시를 읽은 하군수는 그제야 소동파가 무엇 때문에 시를 다 써 놓고도 보내 주지 않았는지 그 이유를 알

게 되었지요. 원래 소동파가 지은 시에는,

나와 하군수는
함께 가마를 타고 다리 구경을 갔는데
백성들이 나와 환호하며
말길을 잡아끌었네

라는 구절이 있었던 것이지요. 소동파는 자기가 쓴 시구가 거짓말로 될까 봐 우려하여 제때에 시를 하군수에게 보내 주지 않았던 거지요."

배움의 길은 천리길도 멀지 않다

송나라 철종(哲宗) 원부(元符) 연간에 강음(江陰) 사람인 갈연지(葛延之)가 그동안 살던 시골 마을을 떠났다. 그는 천릿길을 마다 않고 줄곧 남쪽으로 내려갔다. 그가 불원만리 찾아간 곳은 황량하기 그지없는 담이(潭耳, 지금의 해남성)였다.

담이에는 갈연지의 일가친척이라고는 한 집도 없었다. 아는 사람도 없었다. 장사꾼도 아닌 선비가 무엇 때문에 그 먼 길을 마다 않고 천리 타향인 담이에 찾아갔던 것일까?

갈연지는 당시 당대의 문장가인 소동파가 담이에 귀양 가 있다는 소식을 들었다. 갈연지는 소동파의 가르침을 받고 싶어서 섬 외진 곳까지 그를 찾아갔던 것이다. 소동파도 기꺼이 그를 맞아 주었다. 갈연지는 소동파와 한 달간이나 함께 지내며 그의 가르침을 받았다.

"문장을 짓는 비결이 없겠습니까?"

갈연지가 다급하게 소동파에게 물었다. 소동파는 한가롭게 대문 밖의 오가는 사람들을 가리키며 천천히 대답했다.

"담주란 작은 고장이외다. 몇 백 세대가 사는 작은 고을이라 해도 있을 건 다 있소이다. 재래시장에 나가면 무엇이든 다 살 수 있지요. 그러나 그걸 그저 가져오는 게 아니외다. 꼭 한 가지가 있어야 필요한 물건을 가져올 수 있지요. 그것이 무엇이겠소? 바로 돈이외다."

갈연지는 엉뚱한 소동파의 대답을 듣고 망연자실하였다. 소동파가 다시 말을 이었다.

"문장을 짓는 것도 따지고 보면 물건을 사는 것과 같은 것이 아니겠소? 문장을 짓는 데는 꼭 의미가 있어야 하는 것이외다. 마치 물건을 살 때 꼭 돈이 있어야 하는 것과 같은 이치지요. 천하의 사물이란 너무도 많고 많지요. 문장을 짓는 재료나 지식들이《4서(四書)》,《5경(五經)》,《제자백가(諸子百家)》와 필기 소설 및 역사책에 다 있어요. 그렇다고 그걸 맘대로 가져다 쓰는 것이 아니외다. 꼭 한 가지가 있어야 그것들을 가져다 유용하게 사용할 수 있습니다. 그것이 바로 '의미'라는 것입니다. 돈이 없으면 물건을 살 수 없듯이 의미가 없으면 모든 지식과 전고들이 다 무용지물이 되는 것이지요. 이것이 바로 문장을 짓는 비결이외다."

"고견이옵니다. 참으로 고견이옵니다."

갈연지는 마치 꿈속에서 깨어난 듯 깨달음을 얻었다. 그는 소동파 앞에 덥석 엎드려 절을 올렸다. 그는 종이를 미처 준비하지 못했으므로 소동파의 말을 입고 있던 두루마기에 모두 적어 놓았다. 한 마디라도 잊어서는 안 된다고 생각했던 까닭이다.

한 글자를 고쳐 시에 날개를 달다

왕안석(王安石)의 시중에 다음과 같은 구절이 있다.

　　봄바람은 또 강남 기슭을 파랗게 물들였는데
　　보름달은 언제나 비출 텐가 나의 귀향길을
　　春風又綠江南岸
　　明月何時照我還

　이 시의 초고가 오중(吳中, 지금의 강소성 오현)에 사는 한 사대부의
집에서 발견되었다.
　'봄바람은 또 강남 기슭을 파랗게 물들였는데(春風又綠江南岸)'
의 시구절 중 '파랗게 물들였다(綠)'는 글자의 사용은 아주 미묘하
다. 이런 시에서 푸를 녹(綠)자를 쓰기란 매우 어려운 일이기 때문
이다.

이 시의 초고 원본을 보니 원래 녹(綠)자가 아니라 도(到)로 되어 있었다. 그리고 그 글자에 동그라미를 친 후 '뜻이 좋지 못하다'란 주석을 달았다. 도(到)로 되면 '봄바람은 또 강남 기슭에 이르렀는데'로 된다. 그러면 시적 묘미가 없어지게 된다. 그래서 왕안석은 도(到)자를 지나칠 과(過)로 고쳐 놓았다. 이렇게 되면 시는 '봄바람은 또 강남 기슭을 지나쳤는데'로 되어 역시 마음에 드는 구절이 안 된다. 그래서 과(過)자를 지우고 들어설 입(入)자로 고쳤다.

이렇게 되면 시가 '봄바람은 또 강남 기슭을 들어섰는데'로 되어 역시 시적 묘미가 떨어진다. 왕안석은 이 입(入)자를 지우고 다시 찰 만(滿)자로 고쳐 보았다. 이때는 '봄바람은 또 강남 기슭에 차 넘치는데'로 된다. 여전히 맘에 들지 않았던 것이다.

이렇게 10여 차례나 고쳐 보다가 결국 맨 마지막에 푸를 녹(綠)자로 낙점시켰던 것이다. 그러자 시가 한 폭의 그림처럼 싱싱하게 살아나게 되었다.

황정견(黃庭堅)의 시에 이런 구절이 있다.

되돌아온 제비는 마치 삼월의 일이 없는 듯한데
높은 가지의 매미는 한 가지를 차지하고 울어만 대네
歸燕略無三月事

高蟬正用一枝鳴

이 시에 관하여 전신중(錢信仲)이란 사대부가 나에게 이 시에서 쓴 용(用)자가 정말 잘된 시어라고 말해 주었다. 처음에는 품을 포(抱)자로 되어 '한 가지를 품고 울어 대네'로 되었는데 맘에 들지 않아 차지할 점(占)자, 있을 재(在)자, 가질 대(帶)자, 바랄 요(要)자 등으로 고쳐 보았다. 그래도 맘에 들지 않아 쓸 용(用)자로 고쳐 보니 맘에 쏙 들었다고 했다. 지금 예장(豫章, 지금의 강서성 남창시)에서 각인한 인쇄본을 보면 '늦계절의 매미가 한 가지를 차지하고 울어 대네(殘蟬猶占 一枝鳴)'로 되어 있다.

향거원(向巨原)이 나에게 다음과 같은 말을 들려주었다.

"원불벌(元不伐)이 집에 수장한 소식의 사(詞) '염노교(念奴嬌)'는 황정견의 서체입니다. 이것이 진품입니다. 지금 시중에 유통되는 '염노교'와는 몇 군데 글자가 다르게 돼 있지요. 예를 들면 '낭도진(浪淘盡)'이 '낭성진(浪聲盡)'으로 되어 있고, '주랑적벽(周郎赤壁)'이 '손오적벽(孫吳赤壁)'으로 되어 있습니다. 또 '난석천공(亂石穿空)'이 '난석붕운(亂石崩雲)'으로 되어 있는데, 누가 이렇게 고쳤는지는 아직 모릅니다."

필치도 중요하지만 사리를 잘 밝혀야 한다

송나라 문인 장래(張來)는 후배들에게 문장법을 가르쳐 줄 때 사리를 잘 설명해야 한다는 견해를 강조하였다. 그는 아래의 글을 통해서 자신의 주장을 설파하였다.

시(詩)·서(書)·예(禮)·역(易)·춘추(春秋)·악경(樂經) 등 6부 경전으로부터 제자백가·문인·철인 등의 논술을 보면 문장을 논리를 밝히는 도구로 삼았다. 때문에 문장을 짓기 전에 사리에 대한 투철한 이해가 있어야 한다. 즉 미사여구만으로는 좋은 글을 쓸 수가 없고, 사리를 잘 밝혀 정연한 논리를 펴야만 좋은 글을 쓸 수 있다는 것이다.

물을 장강(長江)·황하(黃河)·회하(淮河)로 끌어들여 그 강물을 바다로 흘러들도록 해야 한다. 강물을 이룬 물결은 도도히 동으로 흐른다. 밤낮으로 쉼 없이 주절대며 흐르는 강물은 바위를 부

수고 여량(呂梁)을 넘어 동으로 동으로 흐른다. 때로는 잔잔한 고기비늘 같은 파도를 이루다가도 때로는 노한 사자처럼 폭포로 뛰어내리며 우레와 같은 우렁찬 도약의 물소리를 낸다. 교룡이 그 물 밑을 타고 하늘로 오르듯 몸을 솟구치며 은비늘을 번뜩인다.

이것이 물의 특성이다. 물이 강으로 흘러들지 않으면 이처럼 눈부시고 찬란한 변화를 보여 주지 못한다. 물이 강바닥을 따라 흐를 때라야 수시로 주변 변화에 따라 이 세상의 황홀한 정경을 펼친다.

이와 마찬가지로 논리가 잘 엮어진 문장은 마치 장강·황하·회하와 바다의 물과 같이 기이한 변화를 일부러 바라지는 않지만 기이한 변화는 저절로 일어난다. 문장에서 필치만 따져 미사여구로 엮은 글은 마치 수로를 따라 흐르는 물과 같아 기이한 변화를 바랄 수 없다.

이렇게 쓰인 글은 아무리 씹어 봐도 마치 초를 씹는 것처럼 아무런 맛이 나지 않는다. 이런 문장은 일말의 가치도 없는 글이다.

당시 학자들은 장래(張來) 선생의 이러한 주장을 명언으로 받아들였다. 장래 선생의 전기에도 이 단락을 수록하였는데, 여남(呂

227

南)도 이와 비슷한 견해를 피력하였다.

문인들이 글을 쓸 때 대개 글을 순탄하고 매끈하게 쓰려고 애쓴
다. 문장의 논리는 흠잡을 데 없지만 문맥이 꺼끌꺼끌하면 이는
마치 말 못하는 사람이 변론하는 것처럼 힘들다. 분명히 도리가
있기는 하지만 결국은 변론에서 이기지 못하고 만다. 이는 자신
의 의사를 충분히 전달하지 못하기 때문이다. 내가 읽은 책들을
보면 대문호들의 문장은 모두 문맥이 매끈하면서도 막힘이 없
다. 문인들이 글을 쓰지 않는다면 몰라도 일단 글을 쓰려면 문맥
이 순탄하고 사리에 맞도록 설명이 매끈해야 한다. 그래서 글을
쓰려는 사람은 반드시 능란한 언어 구사력을 키워야 하고 글을
막힘없이 매끈하게 쓰도록 연습해야 한다. 그래야 고대의 대문
호들과 같은 좋은 글을 쓸 수 있는 것이다.

여류 시인 이청조의 특별한 사랑

본조(즉 송조)의 저명하고 탁월한 여류 시인 이청조(李淸照)와 금석
학자 조명성(趙明誠)은 진정한 사랑으로 맺어진 부부이다. 조명성
은 훌륭한 아내인 이청조의 내조를 받아 그 많은 유물·고서와 비
각 등을 수집 정리하여,《금석록(金石錄)》30권을 펴낼 수 있었다.
조명성이 연구한 금석학은 하(夏)·상(商)·주(周) 3대로부터 5대
10국 시기까지 풍부한 내용을 담았다.

　정사(正史)에도 없는 인물과 사적들을 새롭게 발굴하여 역사를
풍부하게 하였다. 그러나 불행하게도 조명성은 빨리 세상을 떠났
다. 게다가 금군(金軍)의 침입을 받아 그가 수집한 그 많은 국보급
유물들이 전란 중에 너무도 많이 유실되었다.

　이청조는 남편의 요절을 애통하게 여겼고 그가 모든 정력을 쏟
아부어 수장한 유물들을 잃은 데 대해 한없이 안타까워하였다. 이
청조는《금석록》의 발문을 썼다. 그의 발문을 읽는 사람들은 누구

나 눈시울을 붉히게 된다.

나는 휘종(徽宗) 건중정국(建中靖國) 원년(1101년)에 조명성의
아내가 되었다. 당시 시아버님은 이부(吏部)에서 말단 시랑관(侍
郎官)으로 있었다. 시아버님이 받는 봉록이 많지 않아 생활은 매
우 검소해야 했고, 매사에 절약하지 않으면 안 되었다. 그때 남편
조명성은 아직 태학(太學)에서 공부할 때라 달마다 초하루와 보
름에 말미를 얻고 귀가하여 옷가지 등 생필품을 가져갔다.

때로는 옷가지 등을 저당 잡혀 500냥씩 바꿨다. 그는 이 돈을 들
고 대상국사(大相國寺)로 달려가 비문을 먼저 사고 나머지 돈으
로 과일 따위를 사서 집으로 가져왔다. 그가 집으로 돌아오면 우
리 두 부부는 과일을 먹으며 새로 가져온 비문을 뜯어 읽었다. 사
서에 없는 새 인물을 발견하거나 새로운 사건을 읽을 때마다 우
리는 흥분을 감추지 못했다.

그렇게 두 해가 지났다. 남편 조명성이 과거에 급제하여 자그마
한 벼슬자리에 나갔다. 그때부터 그도 봉록을 받게 되었다. 이제
는 집의 옷가지 등을 저당 잡히지 않아도 유물·고서 및 비석들을
수집할 수 있어서 기뻤다. 전에 보지 못했던 고서를 보게 되면 정
성들여 필사하였다.

나아가 명인들의 서예 작품과 그림을 수집하기 시작하였다. 한 번은 어떤 사람이 저명한 화가 서희(徐熙, 5대 시기 남조 당나라의 서예가)의 유명한 〈목단도(牡丹圖)〉를 들고 왔다. 그 사람은 누가 20만 냥을 내면 곧 그 작품을 팔겠다고 하였다. 우리는 그를 집에 묵게 하면서 그와 상의했지만 그는 값을 내려 주지 않았다. 우리 가 어디 가서 그 많은 돈을 마련할 수 있겠는가!

할 수 없이 그를 보낸 우리 부부는 며칠간 밥맛마저 잃고 우울해 하고 있었다. 그 뒤 남편이 2개 군(郡)의 태수가 되었다. 우리는 그때 받은 봉록의 대부분을 유물·고서·비석 등을 사는 데 고스 란히 쏟아부었다. 어쩌다 정말 맘에 드는 고서를 구하게 되면 우 리 부부는 머리를 맞대고 밤을 새웠다.

책을 구한 그날로 그 책을 교열·감수하였다. 명화나 고대 명물을 구하게 되면 너무도 기뻐 손에서 놓지를 않았다. 우리는 서로 자 기의 견해를 내놓으며 작품을 평가했고 유물의 가치를 평가하였 다. 한 대의 촛불이 다 타고 불이 꺼져야 우리는 고화나 고물을 장 롱 속에 잘 간수하였다.

우리 손을 거친 명화나 고서는 잘 정리되었고 말끔히 손질되었 으며 종이도 흠잡을 데 없이 잘 보존했다. 감히 말하거니와 다른 수장가들에 비하여 훨씬 더 많은 정성을 쏟아부었다. 우리는 식사를 끝내고 한가한 틈이 있으면 귀래당(歸來堂)에서 무릎을 맞대고 앉아 천천히 차를 마셨다.

우리는 차를 마시며 자그마한 산처럼 쌓인 고서 속의 어느 책 제몇 권 몇 페이지에 무슨 글이 적혀 있다는 내기를 한다. 이 내기에서 이긴 사람은 차를 마실 수 있지만 진 사람은 차를 못 마신다. 이긴 사람은 기쁜 나머지 찻잔을 들고 수선을 떨다가 차를 앞가슴에 쏟았던 일도 종종 있었다. 많은 책 중에서 글자들이 빠지지 않았고 판본도 괜찮은 것이 있으면 우리는 무조건 사들였다. 이를 부본(副本)으로 삼기 위해서였다.

흠종(欽宗) 정강(靖康) 원년(1126년)에 남편 조명성이 치주(淄州, 지금의 산동성 치박시) 태수가 되었다. 금나라군이 도읍을 점령했다는 소문을 듣고 우리는 무엇보다 근심스러운 것이 정성 들여 수장한 고서·유물·고화였다. 전란 시기에 이 수장품을 어디에 보존해야 안전할지 별 뾰족한 방도가 없었다.

고종(高宗) 건염(建炎) 원년(1127년)에 우리 부부는 시어머님의 상복일로 인해 남하하였다. 그 많은 수장품을 다 갖고 갈 수 없어 아깝고 애석했지만 각인서와 편폭이 많은 그림 및 낙관이 없는 유물 등은 버려야 했다. 그래도 물건이 너무 많아 감본서(監本書)와 일반 도서와 부피가 크고 무거운 고물은 버렸다. 그래도 남은 것이 15수레나 되었다. 이 많은 고물 유적들을 겨우 배에 실어 회하를 타고 내려와 장강으로 들어섰다. 청주(靑州, 지금의 산동성 청주시)에 있는 열 칸짜리 집에 수장한 것도 실어 가려고 했지만 미처 운반하기 전에 금군의 침입을 받아 모두 불타 버리고 말았다.

고종 건염 3년(1129년)에 남편과 나는 지양(池陽, 지금의 안휘성 귀지시)에 정착하였다. 이때 남편은 조정의 칙령에 따라 행궁으로 떠나게 되었다.

강기슭에서 우리는 갈라졌다. 그때 나는 그 어떤 불길한 예감이 들어 맘이 몹시 우울했고 기분이 전혀 엉망이었다.

"이 도시가 함락된다면 어떻게 해야 할까요?"

내가 떠나 가는 남편에게 큰 소리로 물었다. 멀리 걸어가던 그도 큰 소리로 대답했다.

"피난민을 따라 나서시오. 가지고 가는 물건이 짐이 된다면 먼저 행장부터 버리시오. 그래도 부담스러우면 옷가지 등을 버리시오. 만부득이 할 때는 먼저 고서를 버리고 마지막에 유물들을 버리시오. 그러나 제사 때 쓰는 기물만은 버리지 마오. 언제나 그것은 꼭 몸에 간수해야 하오. 당신이 있으면 제사 기물이 있도록 말이오. 내 말을 꼭 명심하시오."

말을 마친 남편은 말에 채찍을 가하여 질풍같이 사라졌다.

그해 가을 남편은 몹쓸 병에 걸려 약 몇 첩 제대로 써 보지도 못하고 저세상으로 갔다. 당시의 정세는 하루하루가 위태로웠다. 황제와 6부 대신들이 강서로 갔다는 말을 들었다. 나는 황제가 가 있는 곳이면 그래도 가장 안전하다고 생각되어 두 심부름꾼을 강서로 보냈다. 우리가 정성들여 수장한 2만 권의 고서와 2천 점의 금석비각을 배에 실어 먼저 홍주(洪州, 지금의 강서성 남창시)로 옮겨 갔다. 그런데 그해 겨울 금군이 홍주를 함락시켰다. 그때 실어 간 고서는 죄다 잿더미가 되고 말았다.

겨우겨우 배에 실어 홍주까지 옮겼는데 몽땅 불에 타서 없어졌던 것이다. 내가 있던 안방에 보관했던 몇 권의 책과 얼마 되지 않는 비석·유물만이 남았다. 이백·두보·한유·유종원의 필사본 작품집과 《세설신화(世說新話)》, 《염철론(鹽鐵論)》이 그것이었다. 그리고 석각 수 십 점과 기물 수 십 개 및 《남당서(南唐書)》의 일부가 겨우 남아 있었다. 강서도 안전한 곳이 아니어서 나는 대주(台州, 지금의 절강성 임해현)를 통해 온주(溫州, 지금의 절강성 온주시)로 갔다가 거기서도 정착하지 못했다. 그 뒤 구주(衢州, 지금의 절강성 구현)와 항주(杭州)를 거쳐 최종 물건을 섬현(剡縣, 지금의 절강성 승주시)에다 보관하였다.

고종 건염 4년(1130년) 봄, 항복한 관군(官軍)들이 내가 수장해 남겼던 모든 물건들을 다 몰수하여 갔다. 이 물건은 이장군 댁의 수장품으로 되었다. 화재(火災)를 모면한 물건도 절반이나 잃었고 도둑도 많이 맞았다. 지금은 겨우 대나무로 엮은 궤짝으로 일곱 개도 채 안 되는 물건이 남아 있을 뿐이다. 그 뒤 나는 월주(越州, 지금의 절강성 소흥시)에 정착하게 되었다. 하루는 도둑이 내 집 벽을 뚫고 대나무 궤 다섯 개를 달랑 들고 갔다. 그가 훔친 물건은 전운사(轉運使) 오설(吳說)이 사들였다. 그래서 지금은 거의 아무것도 남은 것이 없다시피 되었다.

하루는 심심해서 몇 권밖에 남지 않은 고서를 들춰 보았다. 책갈피마다 옛주인의 얼굴 모습이 떠오르며 이미 저세상 사람이 된 남편 생각이 왈칵 치밀었다. 눈물이 핑그르 돌며 지난 일들이 주마등처럼 스쳐 지나갔다. 남편이 동래(東萊, 지금의 산동성 야현) 정치당(靜治堂)에서 매일 책들을 정리하던 모습이 떠올랐다. 수집한 책들을 잘 정리하고 표구한 뒤 운향(蕓香)에 쪄 말린 노란색 띠로 열 권을 한 질로 잘 싸매 놓던 그의 손길이 아직도 책 속에 그대로 서려 있는 듯했다. 남편은 하루에 꼭 두 권씩 교열하고 정리하였다. 그리고 하루에 꼭 한 권의 책에 발문을 썼다. 지금 수중에 남은 2천여 권 중 발문이 있는 것은 모두 502권이나 된다.

지금도 그의 숨결은 여전히 이 책에 스며 있고, 그의 무덤에는 나무가 이미 무성히 자랐다.

위에 적은 고서·유물·석각비의 수집·정리·소실의 과정에서 하나의 이치를 유추해 낼 수가 있었다. 그것은 바로 '가질 때가 있으면 잃을 때가 있다'는 이치이다. 또 '모일 때가 있으면 흩어질 때가 있게 마련이다.' 이는 천리(天理)일지도 모른다. 이제 나도 담담하기만 하다. 지금 내가 이 시말(始末)을 자세히 적는 이유는 후세의 수장가들에게 좋은 권고를 해 주기 위함이다.

이청조가 이 글을 지은 해는 소흥(紹興) 4년(1134년)으로, 그녀의 나이 이미 쉰둘이었다. 내가 이 글을 읽으면서 그들 부부의 일을 얼마나 슬퍼했는지 모른다. 그래서 이 글을 이 책에 수록한 것이다.

문장은 한 글자도 잘못 써서는 안 된다

문서를 작성할 때 한 글자라도 잘못 쓰게 되면 자칫 커다란 화를 초래할 수도 있다. 내가 세 번이나 이런 일을 당해 보았다. 지금 생각해도 등골이 오싹해진다.

첫번째는 송나라 효종(孝宗) 건도(乾道) 3년(1166년) 겨울에 있었던 일이다. 황제의 은총을 입어 경성으로 소환되었다. 삼구(三衢, 지금의 절강성 구현)를 지날 때 그곳 군수 하덕보(何德輔)가 나에게 무슨 공문서를 가져가는가 하고 물었다. 나는 내가 쓴 공문서의 않고를 꺼내어 그에게 보였다. 내가 보인 공문서는 파양(鄱陽)의 세금을 낮춰 달라는 내용이었다. 황제의 생일을 축하하기 위해 파양에서는 해마다 천 냥의 황금을 세금으로 바쳐야 했다.

나는 이 문서에서 '세금이란 관례가 어느 때부터 지켜져 내려온 것인지 확실히 알 수는 없다. 그러나 송 태조가 강남을 평정했을 때 파양군 창고에 마침 금이 얼마간 있어 태조의 생일날인 장춘절

(長春節)에 금을 바친 데서부터 이 관례가 지켜졌다'고 썼다. 그런
데 나는 장춘절을 그만 만춘절(萬春節)로 잘못 썼던 것이다. 장춘절
은 태조의 생일 명칭이고 만춘절은 금나라 황제 완안보(完顏輔)의
생일 명칭이었다. 마침 하덕보가 이 점을 지적해 주는 바람에 나는
그 즉시 고쳐 썼다. 그때 나는 얼마나 혼겁이 났던지 등골에 식은
땀이 쫙 흘렀다. 하마터면 대죄를 저지를 뻔했던 것이다.

　두 번째는 건도 3년(1167년)의 일이다. 나는 시강관(侍講官)의 명
의로 황제에게《모시(毛詩)》를 강의했다. 시를 배워야 하는 중요성
을 설명하는 강의안을 쓸 때 공자의 말을 인용하였는데 '시를 배우
지 않으면 말을 잘하지 못한다'의 말씀 언(言)자를 설 입(立)자로 썼
다. 나는 이 글을 정식으로 강의할 강의본에 적어 놓았다. 이 강의
본을 심사한 연리(筵吏) 원현충(袁顯忠)이 입(立)자는 아마도 언(言)
자가 잘못 쓰인 것이라 지적해 주었다. 정말 언(言)자가 입(立)자로
잘못되었다. 까딱했으면 큰 실수를 할 뻔했던 것이다. 나는 그 즉
시 이를 고쳐 놓았다.

　세 번째는 효종(孝宗) 순희(淳熙) 13년(1186년) 때의 일이다. 내
가 한림원에 있을 때 지은《사남안국력일소(賜南安國歷日詔)》에 '하
정(夏正) 때부터 한삭(漢朔)에 이르기까지'라는 대목이 있다. 그런
데 하정(夏正)을 그만 주정(周正)으로 잘못 썼다. 이 글을 다 쓴 후

재상에게 바쳐 심의를 받았다. 주필대(周必大) 재상이 잘못된 곳을 지적하여 주었다. 나는 나의 잘못을 깨닫고 주정을 하정으로 다시 고쳤다. 어순이나 뜻으로 보아 너무 비슷해서 내가 집필할 때 그 잘못된 점을 알아 내지 못했던 것이다.